五年制高等师范教材

现代汉语

积累与应用

南京大学出版社

五年制高等师范教材

现代汉语

积累与应用

主　　编　卜玉平

编写人员　卜玉平（南京大学文学院，江苏教育学院）

　　　　　　白金香（盐城高等师范学校）

　　　　　　夏　莲（南通高等师范学校）

　　　　　　王永吉（江苏教育学院）

目 录

第一章　绪论	1
第二章　语音	3
第一部分（第1—5节）	3
第二部分（第6—7节）	11
第三章　文字	16
第一部分（第1—3节）	16
第二部分（第4—6节）	22
第四章　词汇	28
第一部分（第1—3节）	28
第二部分（第4—6节）	33
第五章　语法	37
第一部分（第1—3节）	37
第二部分（第4节）	42
第三部分（第5节）	47
第四部分（第6—7节）	52
第六章　修辞	58
第一部分（第1—2节）	58
第二部分（第3—4节）	62
第三部分（第5节）	67
参考答案	75

第一章 绪 论

一、要点透视

了解语言和现代汉语的性质、特点,了解现代汉语的历史地位和国际地位,掌握现代汉语的来源;掌握现代汉语七大方言;了解现代汉语课程的性质及定位,初步掌握学习现代汉语的方法,增强学好现代汉语的信心。

二、同步训练

(一)填空题

1. 语言是人类最重要的_____工具,是_____结合的符号系统。
2. 现代汉语的共同语就是以_____为标准音,以北方话为_____,以典范的现代白话文著作为语法规范的_____。
3. 《中华人民共和国通用语言文字法》已于_____起正式实施。
4. 现代汉语的七大方言中,_____是现代汉民族共同语的基础方言。
5. 汉语方言之间的差别主要表现在_____方面,客家方言的代表话是_____。上海话是_____方言的代表话。
6. 汉语有7个方言区,南京话属_____方言。
7. 在汉语方言中,语音与普通话差别最大的是_____方言和_____方言。
8. 在济南话、成都话、长沙话、南京话中属于非官话区的是_____。
9. _____年,国家把"推广全国通用的普通话"写进了中华人民共和国新宪法,这充分说明了"推普"工作的重要性和紧迫性。

(二)名词解释题

1. 语言
2. 现代汉民族共同语
3. 方言

(三)简答题

1. 简述现代汉语书面语和口语的来源及其发展情况。

三、阅读思考

1. 谈谈你对"国家推广普通话,推行规范汉字"的认识。
2. 谈谈学习现代汉语的意义。

第二章 语 音

第一部分 （第1—5节）

一、要点透视

了解现代汉语语音学的一些基本概念，熟悉有关声、韵、调的发音与分类、音节构造及其规律等方面的基本知识；学会正确的发音方法，掌握普通话与方言之间的对应规律并能纠正方音；能用语音学原理分析普通话语音系统。

二、同步训练

（一）填空题

1. 语音有三大属性：_____、_____和_____，其中_____为本质属性。

2. 语音同其他声音一样，也具有_____、_____、_____和_____四个要素。

3. 音强是声音的强弱，它主要取决于_____，而这又是跟_____密切相关。

4. 发元音时，发音器官的各部位肌肉_____，声带_____。

5. 不同的辅音是由_____或_____不同造成的。

6. 按照声带振动与否，普通话辅音可以分为_____和_____。

7. 根据发音时呼出气流强弱与否，可把声母中的塞音、塞擦音分为_____和_____两类。

8. 普通话中浊音声母有_____、_____、_____、_____四个。

9. 国际音标运用_____的原则。一个音素只用一个符号代表，一个符号只代表一个音素。

10. 声母指位于音节开头位置的辅音,普通话里的22个辅音有_____个可以用来作声母,其中_____还可以作韵尾。只能当韵尾但是不能作声母的辅音是_____。

11. 声母的阻碍方式可分_____、_____、_____、_____、_____五类。

12. 声母的发音部位可分_____、_____、_____、_____、_____、_____、_____七类。

13. 从发音部位上看,d、t、n、l是_____,从发音方法上看,z、c、j、q、zh、ch是_____。

14. 声母 zh 和 ch 的区别是_____,sh 和 r 的区别是_____。

15. 普通话的韵母共有_____个。按结构可分为单韵母_____个;鼻韵母_____个;复韵母_____个,其中前响复韵母有_____等4个;后响复韵母有_____等5个;中响复韵母有_____等4个。

16. 从内部成分看,韵母可以分为_____、_____、_____三类。

17. 从韵头情况看。韵母可分为_____、_____、_____、_____四类,通常合称四呼。

18. 音节"吹"的韵腹是_____,quan 的韵母是_____呼。

19. ü 行韵母成零声母音节时,四个带 ü 的韵母要写成_____、_____、_____、_____。

20. iou、uei、uen 同辅音声母相拼时,要省略_____,成零声母音节时应写作_____、_____、_____。

21. i 行韵母为零声母音节时,除_____、_____、_____三个韵母要加上 y 外,其余韵母要_____。

22. u 行韵母成零声母音节时,只有韵母_____前要加上 w,其余韵母_____要换成_____。

23. ü 行韵母同辅音声母_____、_____、_____相拼时,ü 上两点要_____。

24. 调类是由_____决定的。

25. "五度标调法"把声调的高低调值分成_____、_____、_____、_____、_____五度。

(二) 单项选择题

1. 普通话声调不同,主要是由于 ··( )
   A 音波形式　　　　　　　　　B 用力大小
   C 绝对音高　　　　　　　　　D 相对音高

2. 下列说法正确的是……………………………………（　　）
   A 振动快,声音低　　　　　　B 振动慢,声音高
   C 振时短,声音长　　　　　　D 振时短,声音短

3. 从自然属性角度划分出来的最小语音单位是………（　　）
   A 元音　　　B 辅音　　　C 音素　　　D 音位

4. 下列说法中正确的是…………………………………（　　）
   A 音素可以分声母和韵母两大类　B 音节可以分元音和辅音两大类
   C 音位可以分元音和辅音两大类　D 音素可以分元音和辅音两大类

5. 元音和辅音的根本区别在于……………………………（　　）
   A 气流　　　　　　　　　　　B 声音强弱
   C 声带是否振动　　　　　　　D 气流是否受阻

6. 关于元音和辅音的区别的描写,正确的是 ……………（　　）
   A 元音发音时,时间短；辅音发音时,时间长
   B 辅音发音响亮,元音不响亮
   C 发辅音时气流受阻,发元音气流不受阻
   D 发元音和辅音时,发音器官各个部位均衡紧张

7. 辅音 ng 是 ………………………………………………（　　）
   A 舌根浊鼻音　　　　　　　　B 舌尖中浊鼻音
   C 双唇浊鼻音　　　　　　　　D 舌尖中浊边音

8. 辅音 j 是 ………………………………………………（　　）
   A 舌尖前不送气清塞擦音　　　B 舌面清擦音
   C 舌根不送气清塞音　　　　　D 舌面不送气清塞擦音

9. 汉语拼音中,舌尖中送气清塞音声母是 ………………（　　）
   A d　　　B z　　　C c　　　D t

10. 舌面前半低不圆唇单元音韵母是 ……………………（　　）
    A ê　　　B e　　　C o　　　D a

11. 单元音韵母 ü[y]是 ……………………………………（　　）
    A 前低不圆唇元音　　　　　　B 后高圆唇元音
    C 前高圆唇元音　　　　　　　D 后高不圆唇元音

12. 下列各组元音间区别性的描述,错误的是 …………（　　）
    A [i]和[y]的区别是舌位前后不同
    B [u]和[o]的区别是舌位高低不同
    C [a]和[ɑ]的区别是舌位前后不同
    D [i]和[a]的区别是舌位高低不同

13. 能跟四呼都相拼的声母是 ……………………………（　　）
    A b p m　　　B d t n l　　　C n l　　　D z c s

14. 下列普通话声母中,只有一组清浊音相对立的声母,它是 ……( )
   A d和t B m和n C sh和r D j和d
15. 按"去、上、阳、阴"声调排列的成语是………………………( )
   A 因材施教 B 有教无类 C 温故知新 D 异口同声
16. 由舌尖与齿龈后、硬腭前的交接点构成气流阻碍而发出的声音是
   ……………………………………………………………………( )
   A zh、ch、sh、r B g、k、h C d、t、n、l D j、q、x

(三)双项选择题

1. 普通话音节的特点是……………………………………………( )
   A 必须有声调
   B 元音占绝对优势但也可以没有元音
   C 最多七个音素最少一个音素
   D 韵腹必不可少
   E 有复辅音存在
2. 高圆唇舌面元音为………………………………………………( )
   A i B ü C o D e E u
3. 没有浊辅音的两组声母是………………………………………( )
   A 擦音 B 塞音 C 塞擦音 D 鼻音 E 边音
4. 齐齿呼是…………………………………………………………( )
   A yaodong B yuyuan C yiqiu D yuwen E yeling
5. 发音时,舌尖与上齿龈构成阻碍而发音的一组声母是 ………( )
   A b、p、m B z、c、s C d、t D n、l

(四)判断题

1. 音色在语音中的作用最重要,因为它是表达语义最重要的手段。( )
2. 男子声音和女子声音的差别主要是发音的音重不同。( )
3. 音节是最小的语音单位,因为音节是最自然的语音单位。( )
4. 音素与音高、音长、音强关系密切。( )
5. 音素是组成音节的结构成分。( )
6. 发元音时,声带一定要振动;发辅音时,声带则不能振动。( )
7. 普通话中,单元音不全是韵母,而辅音则全是声母。( )
8. 鼻化音是介于口音和鼻音之间的一种音。( )
9. 发元音时,呼出的气流比较弱,发辅音时,呼出的气流比较强。( )
10. 音素[a]和[a]发音特点其实是一样的,没有区别,只是写法不同。
    ( )
11. 元音[y]和[u]是舌位前后不同,其他方面的特点是一样的。( )
12. 擦音也是一种送气音。( )

13. "电"字有四个音素[d]、[i]、[a]、[n]和声调。（ ）
14. shi（失）、si（四）、ri（日）等音节中的韵母按四呼归类应该归入齐齿呼。
（ ）

（五）名词解释题

1. 音节

2. 音素

3. 音位

4. 音高

5. 发音部位

6. 发音方法

7. 元音和韵母

8. 辅音和声母

9. 零声母

10. 声调

11. 四呼

12. 清音

13. 浊音

14. 调类

（六）分析题

1. 写出下列音的国际音标。
(1) 后半高不圆唇舌面元音
(2) 前半低不圆唇舌面元音

(3) 前高不圆唇舌面元音
(4) 后半高圆唇舌面元音
(5) 央低不圆唇舌面元音

2. 写出下列单韵母的发音条件。
(1) a
(2) e
(3) u
(4) -i[ʅ]
(5) ê
(6) er

3. 比较下列各组韵母发音的异同。
(1) a 和 e

(2) ü 和 u

(3) -i[ʅ] 和 er

4. 根据所提供的发音部位和发音方法，写出相应的声母及国际音标。
(1) 双唇浊鼻音
(2) 唇齿清擦音
(3) 舌尖后清擦音
(4) 舌面送气清塞擦音
(5) 舌面不送气清塞擦音
(6) 舌尖中不送气清塞音
(7) 舌根送气清塞音
(8) 舌面清擦音

5. 判别下列音节的韵母分别属于四呼中的哪一呼。
  weng shi er xiang wan yun yin eng yuan
  开口呼：
  齐齿呼：
  合口呼：
  撮口呼：

6. 写出各音节声调并写出其调号,用△记号注轻声。

天空变成了浅蓝色,很浅很浅的;转眼间天边出现了一道红霞,慢慢儿扩大了它的范围,加强了它的光亮,我知道太阳要从那天际升起来了,便目不转睛地望着那里。

7. 试用汉语拼音给下列词语注音。

朴素(　　) 规范(　　) 年轻(　　) 合成(　　)
洗脸(　　) 保证(　　) 商人(　　) 严肃(　　)
激动(　　) 麻木(　　) 文明(　　) 发展(　　)
短促(　　) 停留(　　) 形体(　　) 奇妙(　　)
美德(　　) 整体(　　) 喜欢(　　) 最美(　　)
内在(　　) 青春(　　) 追求(　　) 修养(　　)
画家(　　) 动人(　　)
龙飞凤舞(　　　　) 包罗万象(　　　　)
万水千山(　　　　) 千钧一发(　　　　)
安分守己(　　　　) 好事多磨(　　　　)

8. 分析下列音节的结构。

音节	声母	韵头	韵腹	韵尾	调值	调类	四呼
却							
词							
秀							
锥							
赢							
润							
晚							
讯							

9. 拼读词语,分辨声母并注上汉字。

liúniàn—liúlián　　shīcí—xīqí　　fèihuà—huìhuà　　nílóng—niróng

lǎolù—nǎonù　　lǚkè—nǔkè　　sìshí—shìshí　　ruǎnhuo—nuǎnhuo

10. 按要求将 ai、iao、ie、üe、iou、ua、ei、uo、uai、ou、uei、ia、ao 进行归类。
前响复韵母：
中响复韵母：
后响复韵母：

(七) 简答题
1. 为什么说社会属性是语音的本质属性？

2. 现代汉语的音节可以归纳出哪些结构模式？

3. 汉语拼音方案的应用领域主要有哪些？

三、阅读思考

下面是一首《采桑歌》，也是一首声母歌，请读准、读熟，并标出声母。读完之后想一想普通话有多少个声母？默写出来。试着编一首儿歌，看看自己用了哪些声母和韵母。

采 桑 歌
春日起每早，采桑惊啼鸟。
风过扑鼻香，花开知多少？

第二部分 （第6—7节）

一、要点透视

了解轻声儿化的作用以及普通话音变的种类和规律；掌握《普通话异读词审音表》中异读词的标准音，力求发音符合普通话的语音规范。能用标准的普通话正确、清晰、流畅地朗读与交流，能准确判别学生的语音错误并有效地帮助其纠正发音。

二、同步训练

（一）填空题

1. 普通话语音音变现象中常见的有＿＿＿＿＿＿，＿＿＿＿＿＿，＿＿＿＿＿＿和＿＿＿＿＿＿。
2. 轻声实际上也是一种＿＿＿＿＿＿，轻声不标＿＿＿＿＿＿。
3. 在普通话中，一些音节念轻声有一定的规律，如＿＿＿＿＿＿、＿＿＿＿＿＿、＿＿＿＿＿＿、＿＿＿＿＿＿等念轻声；＿＿＿＿＿＿、＿＿＿＿＿＿、＿＿＿＿＿＿，后面一个音节读轻声。
4. 变调主要有三种情况：＿＿＿＿＿＿，＿＿＿＿＿＿和＿＿＿＿＿＿。
5. 普通话韵母除了＿＿＿＿＿＿、＿＿＿＿＿＿外，都可以儿化。
6. 儿化可以使汉语在表达上更加严密精确，起到＿＿＿＿＿＿、＿＿＿＿＿＿、＿＿＿＿＿＿和＿＿＿＿＿＿的积极作用。
7. 以＿＿＿＿＿＿为标准音，是学习普通话语音的规范。
8. 异读词是指＿＿＿＿＿＿。

（二）单项选择题

1. 下列词中全是轻声的是……………………………………（   ）
   A 棉花 包袱 栅栏 委屈　　B 干事 屏风 形体 道理
   C 西瓜 语言 尾巴 喜鹊　　D 玫瑰 茶花 僻静 重量
2. "桌子、木头、意思、糊涂"等词语的读音说明 ……………（   ）
   A 汉语普通话的词重音都安排在多音词的前面音节，轻声多安排在多音词的后面音节
   B 汉语普通话的重音都安排在多音词的后面音节，轻声多安排在多音词的前面音节

C 汉语中的词重音和轻声没有规律可循
D 汉语中词重音能起到区别意义的作用

3. 下列各词拼写上有错误的是………………………………（ ）
A 钢管 guānguǎn   波浪 bōlàng
B 海外 hǎiwài   尘土 chéntǔ
C 金属 jīnshǔ   学科 xuékē
D 经验 jīngyàn   雄厚 xiónghòu

4. 下列词中全部正确的是………………………………………（ ）
A 步骤 bùzhòu   修养 xiūyǎng   美德 měidé   广阔 guǎngkuò
B 海外 hàiwài   优秀 yōuxiù   波浪 bōlàng   保证 bǎozhèng
C 自然 zìrán   巷道 hàngdào   奇数 jīshù   收获 shōuhuò
D 葵花 kúihūa   严肃 yánsù   青春 qīngchūn   奇妙 qímiào

5. 语气词"啊"前一音节末尾音素为 i、ü 时，"啊"应读作……（ ）
A ua   B ya   C ia   D za

6. "来的真早＿＿＿＿！"这句话中应填………………………（ ）
A 啊   B 呀   C 哪   D 哇

7. "哪里"应该读作………………………………………………（ ）
A 半上(21)＋轻声   B 阳平(35)＋轻声
C 半上(21)＋上声   D 阳平(35)＋阳平(35)

8. "广场"应该读作………………………………………………（ ）
A 阳平(35)＋上声(214)   B 半上(21)＋上声
C 阳平(35)＋轻声   D 半上(21)＋阳平(35)

9. "不行"的读音是………………………………………………（ ）
A 去声(51)＋阳平(35)   B 阳平(35)＋去声(51)
C 阳平(35)＋上声(214)   D 半去(53)＋去声(51)

10. 语气词"啊"通常附在句子或词语末尾，如果"啊"前一个音节末尾的音素是 n，"啊"的读音是………………………………………………（ ）
A ra   B ua   C za   D na

（三）判断题

1. 普通话里的儿化音变可以起到区别词义的作用   （ ）
2. 轻声是四声之外的第五个声调。   （ ）
3. 异读词是字形相同，词义、词性及读音不同的词。   （ ）
4. 异读词是指一个词或词内某个语素有两个或两个以上的读音。 （ ）
5. 汉语普通话主要是以北京语音作为标准音的，所以我们要全盘接受北京语音。   （ ）

(四)名词解释题

1. 音变

2. 轻声

3. 儿化

(五)分析题

1. 下列各词在语音形式上有轻声与非轻声对立,请结合词义说明其不同。

(1) 东西

(2) 人家

(3) 大意

(4) 拉手

(5) 活动

(6) 自然

(7) 利害

(8) 摆设

2. 指出下列词中前一字读音变化后的调值。

举止(　　)　　指标(　　)　　妥善(　　)　　采访(　　)
引导(　　)　　一些(　　)　　不屑(　　)　　八件(　　)

3. 读出下列词语,并指出"一"的变调。

一(　　)早儿　　　　　　　一(　　)尘不染
百里挑一(　　)　　　　　一(　　)板一(　　)眼
一(　　)辈子　　　　　　　始终如一(　　)
一(　　)朝一(　　)夕　　一(　　)五一(　　)十
一(　　)模一(　　)样　　一(　　)丝一(　　)毫
一(　　)举一(　　)动　　一(　　)一(　　)得一(　　)

4. 指出下面各个句子中"不"的变调。

(1) 不（　）! 不（　）! 对不（　）起！是我们处理得不（　）好，不（　）能怨孩子。

(2) 我们去不（　）去呢？虽然人家不（　）会在意，我还是觉得不（　）应该不（　）跟人家打声招呼。

5. 给下列各词注出规范读音。

从戎	水獭	粗犷
堵塞	惬意	簸箕
粳米	造诣	铿锵
荼毒	鞭笞	解剖
奢侈	要挟	创伤
殷红	拙劣	活塞
星宿	巷道	龋齿
桎梏	亲家	作坊
蚌埠	秘鲁	高涨

三、阅读思考

1. 朗读下列语段，注意句中标"△"记号的轻声音节，然后分析轻声音节的规律。

燕子去了，有再来的时候；杨柳枯了，有再青的时候；桃花谢了，有再开的时候。但是，聪明的你告诉我，我们的日子为什么一去不复返呢？——是有人偷了他们罢：那是谁？又藏在何处呢？是他们自己逃走了罢：现在又到了哪里呢？

——朱自清《匆匆》

我国的建筑，从古代的宫殿到近代的一般住房，绝大部分是对称的，左边怎么样，右边怎么样。苏州园林可绝不讲究对称，好像故意避免似的。东边有了一个亭子或一道回廊，西边决不会来一个同样的亭子或者一道同样的回廊。这是为什么？我想，用图画来比方，对称的建筑是图案画，不是美术画，而园林是美术画，美术画要求自然之趣，是不讲究对称的。

——叶圣陶《苏州园林》

2. 朗读下列语段，注意"啊"的变读，然后再分析语气词"啊"的变读规律。

啊(a)，人生会有多少个第一次啊(za)！　　　——孙继梓《第一次》

郊外的景色真美啊(ya)！湛蓝的天空，像一池倒映的湖水……

—— 庞秀玉《爱痕》

我仰望一碧蓝天,心底轻声呼喊:家乡的桥啊(wa),我梦中的桥!

——郑莹《家乡的桥》

清晨,当第一束阳光射进舷窗时,它便敞开美丽的歌喉,唱啊(nga)唱,嘤嘤有韵,宛如春水淙淙……是啊(ra),我们有自己的祖国,小鸟也有它的归宿,人和动物都是一样啊(nga),哪儿也不如故乡好!　　——王文杰《可爱的小鸟》

雪花飘啊(wa)飘,我目送那对母女远去,便急切地转身,我要回家对父母说:"爸爸、妈妈,雪大路滑,当心啊(na)!"　　　　　　　　——曹战《雪花飘啊飘》

3. 试念下面绕口令:

(1) 四和十,十和四,十四和四十,四十和十四,
　　谁说四十是"细席",十四是"适时";
　　十四是十四,四十是四十,
　　不是十四是四十,四十是十四。

(2) 老伯伯卖墨,老婆婆卖馍,老婆婆卖馍买墨,老伯伯卖墨买馍。墨换馍老伯伯有馍,馍换墨老婆婆有墨。

(3) 天上一个盆,地上一个棚。盆碰棚,棚倒了,盆碎了,是棚赔盆还是盆赔棚。

(4) 黄花花黄黄花黄,花黄黄花朵朵黄,朵朵黄花黄又香,黄花花香向太阳。

(5) 大门外有四辆四轮大马车,你爱哪两辆来你拉哪两辆。

(6) 七巷一个漆匠,西巷一个锡匠。七巷漆匠用了西巷锡匠的锡,西巷锡匠拿了七巷漆匠的漆,七巷漆匠气西巷锡匠用了漆,西巷锡匠讥七巷漆匠拿了锡。

(7) 昆昆捆葱绳,葱绳捆得松。绳松葱捆松,捆松捆漏葱。昆昆拾葱捆葱绳,捆紧葱绳不掉葱。

(8) 莲陋难留恋,南楼辇路凉,年年来念汝,两泪落牛郎。

(9) 会糊我的粉红活佛龛,来糊我的粉红活佛龛,不会糊我的粉红活佛龛,不要胡糊乱糊糊坏了我的粉红活佛龛。

(10) 小牛放学去买油,踢倒老刘一瓶油,
　　 小牛回家取来油,急忙道歉又赔油。
　　 老刘不要小牛油,小牛要还老刘油,
　　 老刘小牛来争油,小牛还了老刘油。

第三章 文 字

第一部分 （第1—3节）

一、要点透视

文字是记录语言的书写符号系统，汉字是记录汉语的书写符号系统。汉字是"意符音符文字"，或称为"语素—音节文字"。汉字和汉语基本适应，具有二维平面性、超时空性，同时数量繁多，结构复杂。

汉字的形体演变经历了古文字和今文字两个阶段：古文字阶段包括甲骨文、金文、战国文字、小篆，今文字阶段包括汉隶、草书、楷书、行书。

"六书说"是分析汉字的理论。"六书"分别是象形、指事、会意、形声、转注、假借。

二、同步训练

（一）填空题

1. 文字是记录语言的_____系统，是人类最重要的_____工具。

2. 文字是在_____的基础上产生，依附于_____而存在的。

3. 文字产生以后，语言不再受_____的限制，因而扩大了语言的_____。

4. 拼音文字从_____入手，利用_____记录语言。

5. 汉字是汉民族创造出来的_____系统。

6. 汉字记录汉语的方法有三种：一是_____，二是_____，三是_____。

7. 现代汉字中形声字占90%以上，可见同时使用_____和_____已经是汉字记录汉语的主要方法。

8. 从汉字记录汉语的方法来看汉字性质，汉字可以称为"_____

文字"。

9. 从汉字所记录的语言单位来看汉字性质,汉字可以称为_____文字"。

10. 汉字与汉语基本适应表现在:_____,_____,_____。

11. 从字体结构上看,汉字由_____组成,在一个平面里多向展开,具有_____性,因此汉字又称_____,这是汉字在视觉上的最大特点。

12. 距今三千年的甲骨文能够被释读,不同方言区的人可以看懂彼此的书面语,这反映了汉字具有一定的_____。

13. 汉字是语素—音节文字,汉语的语素有成千上万个,因此决定了汉字的数量_____。

14. 汉字_____、_____是其不利于学习和使用的方面,因此汉字需要加以整理和改革。

15. 汉字是世界上历史最_____的文字之一,距今三千多年的_____,已经是一种成熟的汉字体系。

16. 汉字的形体经历了多次演变,一般把秦及秦以前称为_____阶段,包括_____、_____、_____、_____;汉以后称作_____阶段,包括_____、_____、_____、_____。

17. _____是目前所见最早的成体系的汉字,通行于三千多年前的_____时代。

18. _____是铸刻在青铜器上的铭文,青铜器以钟鼎居多,因此又称_____。

19. 金文与甲骨文相比,_____色彩减弱,更加成熟,更加_____化。

20. 籀文得名于西周太史籀所作的《_____》。秦国的《_____》是籀文的代表作,相对于后起的小篆,籀文又被称作_____。

21. _____是秦始皇统一中国后采用的标准字体,以_____为代表。

22. 隶书在_____已经出现,早期的隶书与篆书接近,称为_____或_____。到汉代隶书更加成熟,成为通行字体,称为_____或_____。一般我们所说的隶书指的是_____。

23. _____是古文字与今文字的分水岭,从小篆到隶书的转变在文字学上称为"_____"。

24. 草书分为_____、_____、_____。

25. _____又称"真书"、"正书",是由隶书演变而来的新字体。

26. _____的出现,标志着汉字已基本定型,成为我国历史上使用时间最长的标准字体。

27. 汉字演变总体趋向是_____。

28. "六书"分别是_____、_____、_____、_____、_____、_____。一般认为,"六书"中的前四种是_____方法,后两种是_____方法。

29. _____是用线条勾画事物的形状来表示字义的造字方法。

30. 用抽象的符号或者在象形字的基础上加提示性的符号来表示字义的造字方法称作_____。

31. 会合两个或两个以上的字来表示一个新的意义的造字方法称作_____。

32. 用两个或两个以上的字,其中一部分提示意义,另一部分提示声音,合起来组成一个新字的造字方法称作_____。

33. 形声字中提示意义的部分称作_____,提示声音的部分称作_____。

34. 形声字的出现标志汉字进入了_____兼_____的时代。形声字大约占汉字总数的百分之_____左右。

35. 现代汉字如"甭"、"歙"采用的是_____的造字方法,"乒"、"乓"、"甭"采用的是_____的造字方法。

(二) 单项选择题

1. 从汉字记录汉语的方法来看,汉字可以称作是 …………… (　　)
   A 表音文字　　　　　B 表意文字
   C 象形文字　　　　　D 意音文字

2. 在"蜘蛛"一词中,"蜘"字所记录的是 ……………………… (　　)
   A 语素　　　　　　　B 词素
   C 音素　　　　　　　D 音节

3. 从汉字形体演变的历史看,打破象形传统,奠定现代汉字基础的是 …………………………………………………………………… (　　)
   A 小篆　　　B 楷书　　　C 隶书　　　D 行书

4. 以下属于战国文字的是…………………………………… (　　)
   A 小篆　　　B 大篆　　　C 今隶　　　D 金文

5. 秦始皇统一中国后采用的标准字体是………………………… (　　)
   A 小篆　　　B 隶书　　　C 大篆　　　D 金文

6. 从汉字的造字方法来看,"木、月、鱼"三个字都是 ……… (　　)
   A 象形字　　　B 指事字　　　C 会意字　　　D 形声字

7. 下列四组字中造字方法与另三组不同的一组是……………………（　　）
   A　萌　旺　佐　　　　　　B　芳　响　何
   C　休　明　武　　　　　　D　草　睛　伙
8. 下面四个字中不是形声字的是………………………………………（　　）
   A　彰　　　　B　形　　　　C　彤　　　　D　彩
9. 下列四组字中象形、指事、会意、形声都有的一组是 …………（　　）
   A　益　盂　戍　朱　　　　B　涉　伐　豕　疫
   C　布　刃　取　囚　　　　D　易　甘　贼　旗
10. 下面四组形声字中不是左形右声或左声右形的一组是 ………（　　）
    A　岭　扶　依　唱　　　　B　修　荆　颖　赖
    C　政　歌　顶　刊　　　　D　期　峰　惜　欣

（三）判断题

1. 文字是人类社会最重要的交际工具。　　　　　　　　　　　　（　　）
2. 从有人类社会存在的时候起，就有文字存在。　　　　　　　　（　　）
3. 文字起源于图画，是从图画演变而来的。　　　　　　　　　　（　　）
4. 汉字是代表音节的，因此汉字同日文的假名一样，是一种音节文字。
   　　　　　　　　　　　　　　　　　　　　　　　　　　　　（　　）
5. 在摆脱古汉字的图形意味上起决定性变化的是隶书。　　　　　（　　）
6. 楷书一出现，汉字成为方块形就完全定型化了。　　　　　　　（　　）
7. 六书中的象形字、指事字、会意字都是独体字，形声字则是合体字。
   　　　　　　　　　　　　　　　　　　　　　　　　　　　　（　　）
8. 形声字同会意字的主要区别在于前者带表音成分，而后者不带表音成分。　　　　　　　　　　　　　　　　　　　　　　　　　　（　　）
9. 汉字的声旁又叫声符，其表音功能相当于拼音文字的音符。　　（　　）
10. 形旁和声旁在方块汉字中的位置是完全固定的。　　　　　　　（　　）

（四）名词解释题

1. 文字

2. 汉字

3. 古文字

4. 今文字

5. 六书

（五）分析题

1. 指出下列汉字的造字方法。

(1) 几_____ (2) 腊_____ (3) 初_____ (4) 甜_____
(5) 伐_____ (6) 帝_____ (7) 采_____ (8) 子_____
(9) 析_____ (10) 恭_____ (11) 囚_____ (12) 桥_____
(13) 闯_____ (14) 剔_____ (15) 寸_____ (16) 锦_____
(17) 止_____ (18) 刃_____ (19) 末_____ (20) 裳_____

2. 分析下列形声字的结构特点。

(1) 松_____ (2) 雏_____ (3) 茅_____
(4) 基_____ (5) 园_____ (6) 闻_____
(7) 救_____ (8) 空_____ (9) 姿_____
(10) 衷_____ (11) 荆_____ (12) 碧_____

3. 指出下列形声字的形旁，并说明其与字义的联系。

(1) 柏
(2) 城
(3) 切
(4) 家
(5) 镜
(6) 策
(7) 理
(8) 弑
(9) 精
(10) 然

（六）简答题

1. 为什么说汉字是"意符音符文字"？为什么说汉字是"语素—音节文字"？两种说法是否矛盾？

2. 形声字的结构方式可以分为哪几种？请举例说明。

三、阅读思考

汉字同拼音文字相比有哪些特点？

第二部分 （第4—6节）

一、要点透视

现代汉字由笔画、部件（或偏旁）构成。汉字的排检方法可以分为义序法、形序法和音序法。

汉字的规范要做到"字有定量、字有定形、字有定音、字有定序"，汉字规范还包括汉字使用的规范。

文字改革的三项任务是简化汉字，推广普通话，制定和推行汉语拼音方案。

汉字正字法要求正确使用现代汉字，消灭错字、别字，反对乱造简化字和滥用繁体字。

识字教学中，适当借鉴汉字造字规律，有利于提高学生的识字效率。

二、同步训练

（一）填空题

1. _____是构成汉字的最小书写单位。

2. 根据书写时的笔势和走向，汉代汉字的笔画可以分为_____和_____两类。

3. 书写时笔画的方向始终没有变化的笔画，称作_____，包括：_____、_____、_____、_____、_____。

4. 书写时笔画的方向有所变化的笔画，称作_____，主要是各种各样的折笔，也叫_____。

5. 在一个汉字内，笔画与笔画之间一般有_____、_____、_____三种组合关系。

6. 汉字书写笔顺的基本原则是：_____、_____、_____、_____、_____、_____。

7. 构成合体字的表意或表音的单位称作_____。

8. 现代汉字中能够独立使用的偏旁称作_____，不能独立使用的偏旁称作_____。

9. 东汉的许慎在《_____》一书中最早创立"部首"，共归纳出_____个部首。

10. 许慎所创立的部首着眼于分析汉字的构造与意义，被称为"_____"。明代梅膺祚的《_____》，从方便检字出发，将《说文解字》的540个部首删改至 个，开创了"_____"的先河。

11.《汉语大字典》和《汉语大词典》设_____个部首,《新华字典》和《现代汉语词典》设_____个部首。《汉字部首表》设_____个主部首,另有_____个附形部首。

12. 现代汉字按结构类型可以分成_____和_____。无法分离出两个或两个以上部件的汉字称作_____,由两个或两个以上的部件组成的汉字称作_____。

13. 汉字的排检方法,主要可以分为_____、_____和_____。

14. 根据汉字的字形结构来给汉字排序并检索的方法称作_____,主要有_____、_____、_____和_____。

15. _____是根据汉字书写时下笔笔形顺序来排检汉字的方法,现在一般采用_____、_____、_____、_____、_____。也称作"_____"字法。

16. 在汉字标准化工作中,"四定"指的是_____、_____、_____和_____。

17. 1958年,中国文字改革委员会确定文字改革有_____、_____、_____三项任务。

18. "穀"简化为"谷","纔"简化为"才"使用了_____的方法。

19. "東"简化为"东","書"简化为"书"使用了_____的方法。

20. "鄧"简化为"邓","風"简化为"风"使用了_____的方法。

21. 1982年国际标准化组织正式通过将《_____》作为汉语罗马字母拼写的国际标准。

22. 汉字正字法的主要内容是_____、_____、_____。

23. 二十世纪五六十年代,国家先后公布了《_____》、《_____》、《_____》等字表,初步建立了现代汉字的字形规范。

24. 任意增减笔画,变换构件的部位,在任何字典里都无法查找的字通常称为_____。本应写甲字,却由于形近或音近的缘故写成了乙字,通常称为_____。

25. 前人总结的识字教学方法可以归为三种:_____、_____、_____。

(二)单项选择题

1. 汉字字形的最小单位是……………………………………( )
   A 笔画　　　　B 部件　　　　C 偏旁　　　　D 部首

2. "凹"和"凸"两个字的笔画数分别是……………………………( )
   A 5、5　　　　B 5、6　　　　C 4、7　　　　D 4、5

3. "上、山、工、人"这几个字的笔画组合方式是 …………………（ ）
   A 相离　　　　B 相接　　　　C 相交　　　　D 混合
4. 下列笔形中不属于基本笔形的是…………………………（ ）
   A 横　　　　　B 竖　　　　　C 撇　　　　　D 折
5. 按规范的书写顺序,"象"字的第五笔是 ………………………（ ）
   A 横　　　　　B 竖　　　　　C 撇　　　　　D 折
6. 下列属于成字偏旁的是………………………………………（ ）
   A 氵　　　　　B 木　　　　　C 扌　　　　　D 亻
7. 下列汉字中属于独体字的是…………………………………（ ）
   A 马　　　　　B 国　　　　　C 匚　　　　　D 切
8. 下列汉字中属于合体字的是…………………………………（ ）
   A 囚　　　　　B 日　　　　　C 九　　　　　D 册
9. 按部首法,"老"字可查 ………………………………………（ ）
   A 十部　　　　B 土部　　　　C 匕部　　　　D 丨部
10. 我国第一部以部首编排的字书是……………………………（ ）
    A 《尔雅》　　　　　　　　B 《广韵》
    C 《说文解字》　　　　　　D 《康熙字典》
11. 以始氏笔画为序,下列姓氏的排列顺序是…………………（ ）
    A 冯　匡　范　张　倪　姜　　B 匡　冯　范　张　姜　倪
    C 冯　匡　张　范　姜　倪　　D 冯　匡　张　姜　范　倪
12. "長(长)"字的简化方法是 ……………………………………（ ）
    A 同音代替　　　　　　　　B 草书楷化
    C 换用简单的符号　　　　　D 同音替代
13. 下列四组简化字中使用部分代整体简化方法的是 …………（ ）
    A 曲　向　谷　后　　　　　B 优　灯　库　贩
    C 声　飞　夺　齿　　　　　D 怀　观　汉　区
14. 下列成语没有错别字的是……………………………………（ ）
    A 戮力同心　　B 精神涣发　　C 随声附合　　D 直接了当

（三）判断题

1. 简化汉字就是减少汉字的笔画。　　　　　　　　　　　　（ ）
2. "肺"字共有 8 笔,它的右旁不从市。　　　　　　　　　　 （ ）
3. "区、区、匠、医"等字的第二笔都是折笔。　　　　　　　（ ）
4. 现行的《汉语拼音方案》既是帮助学习汉字和推广普通话的注音工具,又是代替汉字的拼音文字。　　　　　　　　　　　　　　　　　　（ ）
5. 我国于 20 世纪 50 年代中期所确定的文字改革的三项任务,在今天有些还没有很好完成,需要继续努力。　　　　　　　　　　　　　（ ）

（四）名词解释题

1. 笔画

2. 偏旁

3. 部首

4. 独体字

5. 合体字

6. 异体字

（五）分析题

1. 根据下列各字在下角所标笔序，说出笔画名称。

(1) 专 3 _____   (2) 山 1 _____   (3) 及 2 _____
(4) 义 1 _____   (5) 五 2 _____   (6) 区 4 _____
(7) 长 1 _____   (8) 芄 5 _____   (9) 凸 4 _____
(10) 凹 2 _____ (11) 写 3 _____ (12) 伪 3 _____
(13) 肃 4 _____ (14) 幽 1 _____ (15) 率 3 _____

2. 写出下列繁体字或异体字的规范字体。

(1) 備（　　）   (2) 聖（　　）   (3) 藝（　　）
(4) 盂（　　）   (5) 恥（　　）   (6) 羣（　　）
(7) 賣（　　）   (8) 淚（　　）   (9) 屬（　　）
(10) 穿（　　） (11) 搯（　　） (12) 竈（　　）
(13) 憨（　　） (14) 歸（　　） (15) 羅（　　）

（六）简答题

1. 汉字规范包含哪些内容？

2. 近代以来，有人提出"汉字拼音化"，汉字"要走世界各国文字共同的拼音方向"。你如何看待这一说法？从汉字与汉语的关系方面加以分析。

3. 汉语拼音有什么积极作用？

4. 新时期语言文字工作的主要任务是什么？

5. 如何利用汉字特点指导小学生识字？

三、阅读思考

阅读以下材料，谈谈你对于汉字改革的认识和理解。

同舱的一个是台湾人，他能说厦门话，我不懂；我说的蓝青官话，他不懂。他也能说几句日本话，但是，我也不大懂得他。于是乎只好笔谈，才知道他是丝绸商。

（鲁迅《华盖集续编的续编·海上通信》）

汉文终当废去，盖人存则文必废，文存则人当亡，在此时代，已无幸存之道。但我辈以及孺子，生当此时，须以若干精力牺牲于此，实为可惜。

（鲁迅《鲁迅书信集·致许寿裳》）

汉字简化了，汉字的学习就容易多了……但是，汉字的简化只是汉字改革的第一步，还不是根本的改革。毛主席指示我们："要走世界各国文字共同的拼音方向。"现在"汉语拼音方案"已经由国务院公布，并且经第一届全国人民代表大会第五次会议批准。这个方案先作为汉字注音和普通话拼音之用，将来一定会实行拼音文字。文字只是一种假定的符号系统，文字不等于语言。文字的改革并不意味着语言的改革。汉字的根本改革必须实现，而且是可以实现的。

（王力《汉语史稿·绪论》）

为了适应社会发展和人们交际的需要，语言文字不断发展变化，同时又保持相对稳定。这是语言文字演变的基本规律……但是文字改革必须稳步进行，不能急于求成；脱离实际超越历史条件的改革，是得不到大多数人支持的。在今后相当长的时期，汉字仍然是国家的法定文字，还要继续发挥其作用。《汉语拼音方案》作为帮助学习汉语、汉字和推广普通话的有效工具，要进一步推行并扩大其使用范围，但它不是代替汉字的拼音文字，可以用于汉字不便作用或不能使用的方面。关于汉语拼音化问题，许多同志认为这是将来的事情，现在不忙于作出结论……汉字的演变是从繁到简的。从长远看汉字不能不简化，但今后对于汉字和简化，应持谨慎的态度，在一个时期内使汉字的形体保持相对的稳定，以利社会应用。

(《全国语言文字工作会议纪要》(1986))

　　汉字简化运动无非就是拼音化运动的阶段性成品，不看到这点，就无法对这场运动的本质做出准确的判定。简化字只是一种过渡手段，其最终目标，就是要彻底消灭汉字，以及消灭一切由这种文字所承载的历史传统，实现向"文化共产主义"的伟大飞跃。

(朱大可《汉字革命和文化断裂》，载《南方周末》2009年4月15日)

　　简体字是全球化压迫、效率压迫导致的，为了使更多人口识字而发明的，有其时代的合理性。但手写时代已经结束了，键盘写作时代来临了，此时繁体和简体在写作上的成本差异不大。简体字与传统有距离，而繁体字与传统直接对接。

　　不过这不仅仅是观念问题，更是社会效益问题，既包括经济效益也包括文化效益。一定要想清楚，回归繁体字我们将支付多少成本，这是要算账的。第二，还要论证回归繁体的文化收益有多大。

(《终将要回归繁体字？》，载《南方周末》2009年4月15日)

第四章 词　　汇

第一部分　（第1—3节）

一、要点透视

了解现代汉语词的特点，弄清词义和语素义的不同和联系；掌握合成词的构造类型和来源；要求能借助词典说明一般的合成词中各个语素的意义及它同词义的关系。理解词的本义、基本义、引申义、比喻义，识别普通话的同音词和多义词，能借助工具书区别这些意义。

二、同步训练

（一）填空题

1. 语素是指＿＿＿＿＿＿＿＿＿＿＿＿。
2. 根据构词能力的不同，单音节语素分为＿＿＿＿＿＿、＿＿＿＿＿＿和＿＿＿＿＿＿三类。
3. "不自由语素"不表示词的主要意义，只表示附加意义，又叫＿＿＿＿＿＿。
4. 附加式合成词中，＿＿＿＿＿＿的意义是词义的核心。
5. 合成词可分为＿＿＿＿＿＿式和＿＿＿＿＿＿式两大类。
6. 词的比喻义反映了客观现象之间的＿＿＿＿＿＿。
7. 由两个相同的词根构成的合成词叫＿＿＿＿＿＿式；由词根加词缀构成的合成词叫＿＿＿＿＿＿式。
8. 复合词按照内部语素和语素之间的结构关系，可以分为＿＿＿＿＿＿、＿＿＿＿＿＿、＿＿＿＿＿＿、＿＿＿＿＿＿和＿＿＿＿＿＿五类。
9. 词汇除了包括词以外，还包括＿＿＿＿＿＿＿＿＿＿＿＿。
10. 词义主要由＿＿＿＿＿＿、＿＿＿＿＿＿和＿＿＿＿＿＿三部分组成，其中，＿＿＿＿＿＿是其核心意义，＿＿＿＿＿＿是其附属意义。
11. 词的感性意义主要包括＿＿＿＿＿＿、＿＿＿＿＿＿、＿＿＿＿＿＿。
12. 词的理性意义的发展变化主要体现在＿＿＿＿＿＿＿＿＿＿＿＿

三个方面。

13. "不要给人家穿小鞋"的"小鞋"所用的词义是＿＿＿＿＿＿＿＿＿＿。

14. ＿＿＿＿＿＿＿＿＿＿是词在现代最常用的意义。

15. 单纯词是指＿＿＿＿＿＿＿＿＿＿词。

16. 合成词是指＿＿＿＿＿＿＿＿＿＿词。

17. 单义词是指＿＿＿＿＿＿＿＿＿＿；多义词是指＿＿＿＿＿＿＿＿＿＿。

18. 多义词与同音词的区别是＿＿＿＿＿＿＿＿＿＿＿＿＿＿＿＿＿＿＿＿。

19. 多义词所包含的几个意义中，有一个是最常用的，称＿＿＿＿＿＿；词的＿＿＿＿＿＿是就历史来源而言的，指词的最初意义。

20. 多义词和同音词的共同点：＿＿＿＿＿＿＿＿＿＿＿＿＿＿＿＿。

(二) 辨析题

1. 将下列各词按要求归类：

买　购置　轱辘　玻璃　地下室　望　单纯　师范　探戈
迪斯科　紫外线　极光　大陆架　合成　马虎　毕业生　奥林匹克

一个语素组成的词：

两个语素组成的词：

三个语素组成的词：

2. 有的字表示一个词，有的字表示一个语素，有的字只表示一个音节，将下列各词按要求归类：

乐　枇　妊　达　权　撕　刀　石　主　僵
严　蜻　波　鲸　尚　教　奋　学　习　琉

词：

语素：

音节：

3. 将下列单纯词按要求归类：

忐忑　蝴蝶　默默　叮咛　纷纷　恍惚　蝙蝠　葫芦　殷勤　往往
蒙昧　玫瑰

叠音：

叠韵：

双声：

非双声、叠韵、叠音：

4. 指出下列词的构造类型

人物　冷暖　认真　抓紧　房间　照明　唐诗　飞快　解剖　开关　体验
月蚀　鼓掌　年轻　内秀　美好　雪白　碰壁　国家　戳穿　质量　司令
阅读　雪崩　丝毫　缩小　动静　烧饼　衣服　联想　新闻　干净　重视

海啸　矛盾　降低　性急　语言　罢工　纸张　鼓动　江湖　动员　民主
彼此　面熟　胆怯　推广　失信　冬至　人口　跋涉　铁路　凭空　投资

并列式：

偏正式：

补充式：

支配式：

陈述式：

5. 指出下列合成词里哪些是词根，哪些是词缀。

深厚　　老虎　　管理　　作者　　垫子　　电教员
反正　　初一　　石头　　这里　　花儿　　可行性

词根：

词缀：

（三）单项选择题

1. "金子"和"金钱"中的"金"……………………………………（　　）

　A 都是语素　　　B 都不是语素　　C 前者是语素，后者不是语素

2. "逗乐"、"逗留"、"逗号"，其中的"逗"属于 …………………（　　）

　A 同源词

　B 多义词

　C 同音词

　D 前两个为同音词，后两个为多义词

3. "大伙儿喜欢海南岛的菠萝"包括………………………………（　　）

　A 12个音节9个语素6个词　　　B 11个音节8个语素6个词

　C 11个音节10个语素6个词　　D 11个音节9个语素6个词

4. 下面各组词中加点的语素属于相同语素的是…………………（　　）

　A 打探——打球　　　　　　　B 美化——绿化

　C 孩子——莲子　　　　　　　D 老头——老师

5. 指出哪一项不是基本词的特点…………………………………（　　）

　A 全民性　　　B 能产性　　　C 系统性　　　D 稳定性

6. 下列词中全是单纯词的是………………………………………（　　）

　A 犹豫　忐忑　好歹　　　　　B 叔叔　五一　电脑

　C 叮咛　匆匆　奥林匹克　　　D 放大　多少　汹涌

7. 下列各词中不属于单纯词的是…………………………………（　　）

　A 逻辑　　　B 玛瑙　　　C 秋千　　　D 猩猩

8. "段—锻—缎—椴—煅"这一组词属于………………………（　　）

　A 类义词　　　B 同源词　　　C 同义词　　　D 同音词

9. 下列各组中，每个词都与合成词"走路"的结构方式相同的是 …（　　）

A 创新 感慨 平反　　　　B 伤心 防火 理事
C 改革 突破 装备　　　　D 隔岸 往返 学术

10. 下列双音节单纯词中,属于双声词的是……………………（　）
A 蟋蟀　　　B 玲珑　　　C 蝴蝶　　　D 徘徊

11. 现代汉语词缀的特点是…………………………………………（　）
A 有实在意义　　　　　B 一般表示词的语法功能
C 均属自由语素　　　　D 位置或前或后

12. 下列双音节单纯词中,属于叠韵词的是……………………（　）
A 徘徊　　　　　　　　B 朦胧
C 坦克　　　　　　　　D 柠檬

13. 全部属于主谓式合成词的一组词是………………………（　）
A 海啸 地震　B 河流 笔墨　C 重视 投资　D 解体 冰释

14. 下列各组词语中是同义词的只有……………………………（　）
A 理想——期望　　　　B 突然——断然
C 注销——消失　　　　D 生日——诞辰

15. 指出哪一组全部都是合成词……………………………………（　）
A 猩猩 歌儿 记者 演员　　B 苗头 事儿 编者 议员
C 老头 蜿蜒 作者 学员　　D 苦头 孙儿 记者 从容

（四）判断题

1. 各种语言的词汇差别很大。　　　　　　　　　　　　（　）
2. 请解释"扶贫"这个词汇的意义。　　　　　　　　　　（　）
3. 要学习些成语、谚语,以丰富自己的词汇。　　　　　（　）

（五）名词解释题

1. 语素

2. 词

3. 词汇

4. 本义

5. 基本义

（六）简答题

1. 举例分析语素和词的区别。

2. "本学期我们已经学了一千多个英语词汇。"这种说法正确吗？如果不正确,应该怎么说？

三、阅读思考

下列各组加点的词是多义词还是同音词？为什么？试分析多义词和同音词的区别。

1. 爸爸又去打水了,妈妈忙着打毛衣,哥哥正在打篮球,我只好打着雨伞去找打着灯笼跑出去的弟弟。

2. 打入冬起,邻家奶奶就开始打的去老年大学,从未间断过。

第二部分 （第4—6节）

一、要点透视

理解同义词、反义词以及基本词汇、一般词汇、文言词、新造词、方言词、外来词、术语、行业语；了解熟语的来源、特点和意义；学会辨析各类词的意义和用法；能将所学词汇的基本知识应用于自己的语言实践中。

二、同步训练

（一）填空题

1. 同义词主要有两种类型：一种是_____，一种是_____。

2. 辨析同义词可以从三方面进行：_____，_____，_____。

3. 反义词是指_____，分为_____和_____两种。

4. _____和语法一起构成语言的基础，体现语言的本质特征。

5. 熟语是汉语中的特殊词汇，是人们长期以来习用的_____。它主要包括_____、_____、_____、_____和_____等。

6. 从来源上看，成语主要有以下几种类型：_____、_____、_____、_____、_____。

7. 基本词汇是词汇中最主要部分，具有_____、_____和_____三个主要特点。

8. 现代汉语一般词汇的构成成分，从来源上看可包括_____、_____、_____、_____和_____等。

9. 词汇丰富和发展的途径是_____和_____。

10. 新词的创造应符合_____、_____和_____三个原则。

11. 外来词是_____。

12. 现代汉语中外来词的类型有：_____、_____、_____。

13. 现代汉语外来词的来源很广泛，有来自_____的，有来自_____的，有来自_____的，更多的是来自_____的。

14. 方言词指_____。

15. 行业词语是指_____。

（二）单项选择题

1. 下列各组同义词中，主要差别是词义轻重不同的是 …………（　　）

A 轻视—蔑视　灾害—灾难　　　B 行为—行径　才能—才干
C 性质—品质　事情—事件　　　D 端庄—美丽　执行—履行
2. 下列四组反义词,是绝对反义词的只有……………………（　　）
A 繁重—轻松　　　　　　　　B 完整—残缺
C 协商—争议　　　　　　　　D 多数—少数
3. 对同义词"生日—寿辰"的主要区别解释正确的一项是…………（　　）
A 语体色彩不同　　　　　　　B 形象色彩不同
C 范围大小不同　　　　　　　D 感情色彩不同
4. "语言"的构词方式是………………………………………（　　）
A 补充式　　　B 偏正式　　　C 并列式　　　D 陈述式

(三) 分析比较题

1. 辨析下列各组同义词的异同
(1) 商量—商榷

(2) 交流—交换

(3) 充足—充分

(4) 忽视—轻视

(5) 隔离—隔断

(6) 摧毁—摧残

2. 指出下列各组的反义词：
(1) 深奥
(2) 承担
(3) 偶然
(4) 滞销
(5) 消费
(6) 演绎

(2) 写出加点词的相应反义词

A 为正义而战。　　　　　　　　　　　　　　　（　　）

B 她把那盆花摆在花坛正中。　　　　　　　　　（　　）

C 书的正面有一行小字。　　　　　　　　　　　（　　）

D 正数。　　　　　　　　　　　　　　　　　　（　　）

E 判断正误。　　　　　　　　　　　　　　　　（　　）

F 挂正标语。　　　　　　　　　　　　　　　　（　　）

G 他不再担任正职。　　　　　　　　　　　　　（　　）

3. 下列这些词哪些属于基本词汇？哪些属于一般词汇？

水（　　　）　　　水文（　　　）　　　水质（　　　）

清水（　　　）　　油水（　　　）　　　水彩（　　　）

4. 指出下列熟语的类别，并相仿各写一例：

A 炒鱿鱼

B 破天荒

C 风马牛不相及

D 知识就是力量

E 小和尚念经——有口无心

F 众人拾柴火焰高

G 金玉其外，败絮其中

(四) 名词解释题

1. 熟语

2. 成语

3. 惯用语

4. 谚语

5. 歇后语

6. 格言

（五）简答题

下面句子中有没有熟语？如果有，属于哪一种？

（1）航天公司早早将"杨利伟"三个字注册了，使得这群唯利是图的所谓商人落得个竹篮打水——一场空。

（2）对于学到的原理，他都要拿实物来作实验，求得彻底了解，决不囫囵吞枣，马虎了事。

（3）广聚碰了一顿钉子讨了这么一点主意，回头就把饭派到老秦家。

（4）齐老爹瞪着眼吼道："你这是灯草跳进秤盘里——以为自己有斤两不是？"

（5）常言道："打人不打脸，骂人不揭短。"说话时，不能口无遮拦。这不仅是语言艺术问题和处理人际关系的技巧，更是对待别人的态度问题。

三、阅读思考

我们经常在一些广告中看到乱改成语的现象，这已经对我们的语言形成了很大影响，可以说其中的积极因素与消极作用并存，不能不引起我们的重视。请你改正下面成语中的错别字，并且就这种现象加以分析，发表自己的看法。

一明惊人（某眼病治疗仪广告语）

饮以为荣（某饮品广告语）

一箭钟情（某口香糖广告语）

牙口无炎（某牙膏广告语）

食全食美（某酒店广告语）

天尝地酒（某酒类广告语）

骑乐无穷（某摩托车广告语）

智者见质（某空调广告语）

触幕惊新（某电脑三维动画系统广告语）

百衣百顺（某服装广告语）

第五章 语 法

第一部分 （第1—3节）

一、要点透视

了解语法的基本特点和现代汉语语法的特点，熟悉词类系统，包括实词和虚词以及各具体词类的功能特点，特别是词的兼类现象，掌握划分词类的标准，并能对词类进行划分。运用比较方法，熟练掌握虚词的用法特点。

二、同步训练

（一）填空题

1. 划分词类，有两个标准，主要依据_____，同时参考词的意义。
2. 能够单独充当句法成分，意义实在，词汇意义和语法意义都有的是_____，不能充当句法成分、只有语法意义的就是_____。
3. 动词和形容词的语法特征大同小异，可以合称为_____。
4. _____表示人和事物的属性，有区分事物的分类作用。
5. 数词可分为基数词和_____，而量词总是出现在数词后面，两者一起组成_____。
6. 传统语法按作用将代词划分成三大类：代替人或事物的叫人称代词，表示疑问的叫_____，指称或区别人、事物情况的叫_____。
7. _____是模拟声音的词，又叫"象声词"。
8. 结构助词"的、地、得"这三种写法分别是定语、_____、_____的标志。
9. 若某个词经常具备两类或几类词的主要语法功能，即在甲场合里有甲类词的功能，在乙场合里有乙类词的功能，我们把这样的词叫做_____。
10. 词的活用是一种特殊的用法，在特定的条件下，为了表达上的需要，临时借来一用。例如，在"他比阿Q还阿Q"中，后一个"阿Q"就是由_____临时活用为_____。

（二）判断题

1. 体词包括名词、数词、量词。（　）
2. "纯洁队伍"是述宾结构的短语，这说明形容词"纯洁"也可以带宾语。（　）
3. 副词都能作状语。（　）
4. 副词属于虚词。（　）
5. 名词不能受数量词的修饰。（　）
6. 数词都是表示数目多少的。（　）
7. "他是卖菜的"和"他今天会回来的"两句中的"的"都是结构助词。（　）
8. 语气词也可以两个连着用。（　）
9. 我们可以说"两国人民的关系很密切"，也可以说"密切了两国人民的关系"，所以，"密切"是一个兼类词。（　）
10. 在现代汉语中，一类词往往能够充当几种句法成分，而一种成分往往不是某一类词所专有的。（　）

（三）单项选择题

1. 实词是……………………………………………………（　）
   A 能单独充当主语、宾语的词　　B 能单独充当宾语、补语的词
   C 能单独充当定语、状语的词　　D 能单独充当句法成分的词
2. "人、百、个"这三个词都是……………………………（　）
   A 体词　　B 谓词　　C 加词　　D 代词
3. 不能用"不"修饰的是……………………………………（　）
   A 动词　　B 形容词　　C 名词　　D 副词
4. 下列词类属于虚词的是…………………………………（　）
   A 动词　　B 形容词　　C 连词　　D 量词
5. 下列词属于名词的是……………………………………（　）
   A 开关　　B 勇敢　　C 忽然　　D 谢幕
6. 下列词属于数词的是……………………………………（　）
   A 条　　B 半　　C 人　　D 亮
7. "我、你、他"是…………………………………………（　）
   A 指示代词　　B 疑问代词　　C 人称代词　　D 名词
8. 下列词属动词的是………………………………………（　）
   A 清　　B 别　　C 请　　D 很
9. 下列词属形容词的是……………………………………（　）
   A 黑乎乎　　B 夺取　　C 休息　　D 喜欢
10. 下列词属副词的是………………………………………（　）
    A 民用　　B 努力　　C 傍晚　　D 依旧

11. 下列词属于连词的是 ……………………………………（   ）
    A 在　　　　B 至于　　　　C 而且　　　　D 我
12. 下列词属于介词的是 ……………………………………（   ）
    A 明确　　　B 的确　　　　C 被　　　　　D 清醒
13. 下列词属于助词的是 ……………………………………（   ）
    A 所　　　　B 够　　　　　C 就　　　　　D 朝
14. 下列词属于语气助词的是 ………………………………（   ）
    A 关于　　　B 依照　　　　C 而已　　　　D 自从
15. 下列词属于代词的是 ……………………………………（   ）
    A 怎样　　　B 可以　　　　C 愿意　　　　D 十分

（四）分析题

1. 注明下列句中划线词的词性：
（1）这位明星非常<u>热爱</u>自己的家乡。
（2）他在部队的时候很<u>遵守</u>纪律。
（3）你<u>将来</u>想做什么？
（4）在中国家庭中，<u>彩色</u>电视机拥有率很高。
（5）<u>慢慢</u>说，别着急。
（6）工作干不完，他是不会休息<u>的</u>。
（7）<u>啊</u>，澳门，你经历了几百年与母亲隔绝的痛苦岁月！
（8）你忘记<u>了</u>自己的身份了吗？
（9）他把书<u>给</u>弄丢了。
（10）身体<u>比</u>过去瘦了，但学问<u>比</u>过去多了。
（11）勤劳<u>智慧</u>的中国人民正在以百倍的热情建设自己的国家。
（12）我们要<u>端正</u>自己的学习态度。
（13）我<u>跟</u>领导反映过你和他的意见。
（14）我们马上<u>开始</u>这项<u>工作</u>。
（15）你说<u>应该</u>朝什么方面考虑？
（16）对这个学生的经历，老师们都很<u>了解</u>。
（17）三十岁<u>以上</u>的教师都<u>可以</u>享受休假。
（18）新老同学<u>开始</u>都需要出操。

2. 区别下列句子中的"没有"（动词/副词）、"是"（动词/副词）、"了"（结构助词/语气助词）、"一样"（形容词/助词）的词性：
（1）你美国去过<u>没有</u>？
（2）一下雪，这里就<u>没有</u>烧的。
（3）他<u>没有</u>工作。
（4）这辆车<u>是</u>他的。

(5) 他是个当老师的。
(6) 这本书是他借来的。
(7) 他买了书就回家了。
(8) 妹妹已经是大学生了。
(9) 开饭了，吃了再走吧。
(10) 脸色跟纸一样。
(11) 这支笔跟那支笔一样。
(12) 他跟孩子一样。

3. 给下列句中的 de 注上汉字，并指出这些汉字代表的词所起的语法作用。
学de好 de是应该帮助学de差de尽快de赶上来de。
　①　②　　　　③　④　⑤　　⑥

①
②
③
④
⑤
⑥

4. 以下各词是否兼类词，如果是，指出兼属什么词类。
① 铁
② 左
③ 忙
④ 打
⑤ 犁
⑥ 在
⑦ 清楚
⑧ 热情
⑨ 动作
⑩ 建筑
⑪ 丰富

(五) 简答题

1. 体词一般不受副词的修饰，但有例外，请举出体词受副词修饰的例子。

2. "高明"是形容词,但在"另请高明"中是"高明的人"的意思,能不能据此说"高明"是形容词兼名词?"手"作为"手脚"的"手"是名词,但在"人手一册"中,《现代汉语词典》认为是"拿着"的意思,这样一来能否说"手"是名词兼动词?谈谈你的看法。

3. 以下各句中"去"的词性是否相同?为什么?
(1) 你去吧。
(2) 别让他去了。
(3) 他不同意去。
(4) 去是对的。
(5) 不去也好。
(6) 去不去都行。

4. 根据下面四个例句,比较副词"千万"和"万万"在意义和用法上有什么区别:
(1) 你千万不可粗心大意!
(2) 你万万不可粗心大意!
(3) 你千万要小心! / *你万万要小心!
(4) 他万万想不到。/ *他千万想不到。

三、阅读思考

划分词类的标准有哪些?根据你的了解试举出一些。

第二部分 （第4节）

一、要点透视

掌握短语的结构和功能，熟练掌握多层次短语的结构分析，能够准确地对汉语所有短语进行结构层次分析，并且指出各个成分之间的语法关系。

二、同步训练

（一）填空题

1. 短语是_____按照一定方式组合起来的、没有句调的语言单位。
2. 短语可以按_____分类，也可以按_____分类。
3. 一个述宾短语和一个主谓短语套在一起，前一个述宾短语的宾语是后一个主谓短语的主语，这样的短语叫_____。
4. 自由短语是和_____相对而言的。
5. 主谓短语的前一部分主要由_____性词语充当，后一部分主要由_____性或_____性短语充当，两部分之间是陈述与被陈述的关系。
6. 偏正短语由两部分组成，前后两部分之间有_____的关系。
7. "今年春节"是_____短语，"今天端午"是_____短语。
8. 偏正短语"一朵鲜艳的红花"的修饰语为_____个。
9. "写文章"和"写清楚"分别是_____结构、_____结构
10. 有的主谓短语内部加"的"就变成了_____短语。

（二）判断题

1. 所有的短语都可以独立成句。　　　　　　　　　　　　（　　）
2. 短语是从句子里分割下来的部分，也可以是句子去掉语调和语气词后剩下的部分。　　　　　　　　　　　　　　　　　　　　　　（　　）
3. 联合短语内部必须有连词，否则就不是联合短语。　　　（　　）
4. 定中短语内部必有"的"，状中短语内部必有"地"。　　　（　　）
5. 定中短语中心语只能是名词、代替名词的代词和名词性短语。（　　）
6. 述宾短语的述语和宾语之间往往可以插入"着、了、过"，而结构性质不变。　　　　　　　　　　　　　　　　　　　　　　　　（　　）
7. 主谓短语的谓语只能由动词性或形容词性词语充当。　　（　　）
8. 方位短语并不全都表示方位。　　　　　　　　　　　　（　　）
9. 在兼语短语中兼语前后两个动词往往有因果关系。　　　（　　）
10. 联合短语可以是名词性的，也可以是动词或形容词性的。（　　）

(三) 单项选择题

1. "今天星期日"是 ……………………………………………………（　　）
   A　主谓短语　　B　述宾短语　　C　述补短语　　D　偏正短语
2. "彻底解决"是 ……………………………………………………（　　）
   A　主谓短语　　B　述宾短语　　C　述补短语　　D　偏正短语
3. "去打电话"是 ……………………………………………………（　　）
   A　主谓短语　　B　连谓短语　　C　兼语短语　　D　复指短语
4. "明代医药家李时珍"是 …………………………………………（　　）
   A　主谓短语　　B　联合短语　　C　偏正短语　　D　复指短语
5. 下列短语属于主谓短语的是 ……………………………………（　　）
   A　太阳升　　　B　出太阳　　　C　努力学习　　D　继续努力
6. 下列短语属于述宾短语的是 ……………………………………（　　）
   A　今天清明　　B　好得很　　　C　喜欢打球　　D　彻底解决
7. 下列短语属于述补短语的是 ……………………………………（　　）
   A　罚款　　　　B　听懂　　　　C　讲情　　　　D　很好
8. 下列短语属于复指短语的是 ……………………………………（　　）
   A　姐妹俩　　　B　一斤鱼　　　C　白纸黑字　　D　红花绿叶
9. 下列短语属于联合短语的是 ……………………………………（　　）
   A　眼疼得很　　B　唱歌跳舞　　C　明确目的　　D　爱学习
10. 下列短语属于偏正短语的是 ……………………………………（　　）
    A　能去　　　　B　看清　　　　C　湿透　　　　D　刺一下

(四) 分析题

1. 指出下列短语的类型：

   (1) 住了一年　　　　　　　　(2) 予以严厉批评
   (3) 洗刷干净　　　　　　　　(4) 知道底细
   (5) 阳光灿烂　　　　　　　　(6) 进来歇一下
   (7) 文化教育　　　　　　　　(8) 分析研究
   (9) 心情愉快　　　　　　　　(10) 他中等身材
   (11) 凯歌阵阵　　　　　　　　(12) 他去比较适合
   (13) 态度和蔼　　　　　　　　(14) 富裕起来
   (15) 硕果累累　　　　　　　　(16) 热爱家乡
   (17) 十分壮丽　　　　　　　　(18) 喜欢清静
   (19) 走了一个　　　　　　　　(20) 通知你所认识的
   (21) 坚持下去　　　　　　　　(22) 读了三遍
   (23) 吃得很饱　　　　　　　　(24) 病虫害防治
   (25) 我们大家　　　　　　　　(26) 有人找你

(27) 你们几位　　　　　　(28) 互相支援
(29) 船长老李　　　　　　(30) 活跃学术气氛
(31) 独立思考　　　　　　(32) 禁止大声喧哗
(33) 体育运动　　　　　　(34) 春秋两季
(35) 研究水平　　　　　　(36) 高兴得很
(37) "山"这个字　　　　　(38) 进京告状
(39) 写文章做演说　　　　(40) 无比坚强
(41) 伟大事业　　　　　　(42) 鼓励他学好功课
(43) 国庆节那天　　　　　(44) 战斗英雄黄继光
(45) 叫河水让路　　　　　(46) 迅速发展
(47) 痛快极了　　　　　　(48) 非常谦虚
(49) 摔跤这种运动　　　　(50) 称她为师姐
(51) 史密斯先生　　　　　(52) 打电话报警
(53) 请他做东　　　　　　(54) 有决心搞好工作
(55) 出去闲逛　　　　　　(56) 使人聪明

2. 用层次分析法分析下列短语：
(1) 希望参加去欧洲的旅行团

(2) 派人通知老李来开会

(3) 高兴得小王跳了起来

(4) 弟弟的自行车撞了一下

(5) 她能不能马上报到还是一个问题

（6）从大海上吹来湿润而新鲜的风

3. 用层次分析法分化下列的歧义短语：
（1）关于熊猫的专题片

（2）新职工宿舍

（3）鲁迅和他的老师

（4）安排好工作

（5）看打篮球的孩子

（6）两个师大的学生

4. 指出下列哪些是介词结构：
（1）以民族英雄自居
（2）在家里读书
（3）被坏人袭击
（4）朝东走去
（5）自北京到上海
（6）将会场内外封锁
（7）走向胜利
（8）这样做是为了友谊

（五）简答题

1. 试述短语在语法中的重要地位。

2. 试举例说明汉语组成短语的语法手段。

3. 指出下列方位结构表示的语法意义：
   (1) 三十上下　　　　　　(2) 五十左右
   (3) 座位左右　　　　　　(4) 会场内外
   (5) 三点左右　　　　　　(6) 同学中间
   (7) 手术中　　　　　　　(8) 书本上

三、阅读思考

层次分析法有哪些优点，哪些缺点？

第三部分 （第5节）

一、要点透视

了解作为一级语法单位的句子的用途，认识现代汉语基本句型及几种特殊句式，并能运用所介绍的方法对句子进行正确分析。

二、同步训练

（一）填空题

1. 句子根据内部结构可分为_____和_____。_____凭结构可分为主谓句和非主谓句。
2. 从句子的功能来看，可以把它分成陈述句、_____、感叹句和_____。
3. 由_____、_____两个成分构成的_____叫主谓句。
4. 主谓句可以分为名词谓语句、动词谓语句、形容词谓语句和_____等四类。
5. "大楼上飘着一面五星红旗。"是动词谓语句中的_____（句型）。
6. "在朝鲜的每一天，我都被一些事情感动着。"是主谓句中的_____（句型）。
7. "这本书我一连看了三遍。"这句话的主语是_____。
8. "张艺谋的电影他一部也没看过。"这句话的主语是_____。
9. "你这个人到底说不说实话？"一句是疑问句中的_____。
10. "他现在在上中学还是上大学？"一句是疑问句中的_____。

（二）判断题

1. 省略会影响句型。　　　　　　　　　　　　　　　　　　　　　（　　）
2. 非主谓句是省略了主语的句子。　　　　　　　　　　　　　　　（　　）
3. 主谓句都是动词谓语句。　　　　　　　　　　　　　　　　　　（　　）
4. "别抽烟"和"禁止抽烟"都是非主谓句。　　　　　　　　　　　　（　　）
5. "这个小姑娘红红的脸蛋，大大的眼睛。"的句型是名词谓语句。　（　　）
6. "经过医生诊断，开出了药方。"一句是病句。　　　　　　　　　（　　）
7. 倒装不会影响句型。　　　　　　　　　　　　　　　　　　　　（　　）
8. 语气因素会影响句型。　　　　　　　　　　　　　　　　　　　（　　）
9. "窗下一幅繁华的街景。"是主谓句。　　　　　　　　　　　　　（　　）
10. "天啊！"是非主谓句。　　　　　　　　　　　　　　　　　　　（　　）

（三）单项选择题

1. "明天国庆节"是……………………………………………………（　　）

A 动词谓语句   B 形容词谓语句
C 主谓谓语句   D 名词谓语句

2. "今天冷极了"是 …………………………………………（ ）
A 动词谓语句   B 形容词谓语句
C 主谓谓语句   D 名词谓语句

3. "山上都是苹果树"是 ………………………………………（ ）
A 动词谓语句   B 形容词谓语句
C 主谓谓语句   D 名词谓语句

4 "你的想法,我认为很奇怪"是 …………………………………（ ）
A 动词谓语句   B 形容词谓语句
C 主谓谓语句   D 名词谓语句

5. "他推开门走了出去"是 ………………………………………（ ）
A 连谓句   B 兼语句   C 存现句   D "把"字句

6. "老张介绍我去见局长"是 ……………………………………（ ）
A 连谓句   B 兼语句   C 存现句   D "把"字句

7. "教室里坐着三个人"是 ………………………………………（ ）
A 连谓句   B 兼语句   C 存现句   D "把"字句

8. "老张把他叫走了"是 …………………………………………（ ）
A 连谓句   B 兼语句   C 存现句   D "把"字句

9. 下列句子属紧缩句的是 ………………………………………（ ）
A 你不说我也知道。   B 你叫他来一趟。
C 他走过去开门。   D 他笑着说了我几句。

10. 下列句子有歧义的一句是 ……………………………………（ ）
A 新的教师宿舍已经修好了。   B 很明显,那是一只狼也不怕的狗。
C 热爱人民的周总理向我们招手。   D 靠山吃山总有吃光的一天啊。

（四）分析题

1. 在基本句义不变的前提下,把下列陈述句的肯定形式改为否定形式,否定形式改为肯定形式,并且说说语气上的区别。

(1) 听了企业发展的规划,大家都欢欣鼓舞。

(2) 作为教师,我们要关心每一个孩子。

(3) 有些钱不能不花,但也得省着点。

(4) 这件事,他不会不知道。

2. 指出下列疑问句的结构类型。
(1) 那本书你买了没有？
(2) 明天会下雨吧？
(3) 你的衣服呢？
(4) 你到底去不去？
(5) 你到底打算怎么办？
(6) 我们是看电影，看话剧，还是看球赛？
(7) 你们那儿还有谁要去吗？
(8) 你是说谁都可以去吗？

3. 用符号标示法分析下列单句。

示例：(我的)弟弟‖已经看得〈懂〉(高深的)论文。

(1) 这封简单而大胆的短信，使我们更加确信列宁是我们党的山鹰。

(2) 他通知我今天停电了，学术报告改期了。

(3) 我们站在人民英雄纪念碑前向南眺望。

(4) 深入车间做调查是基本的工作方法。

(5) 太阳也带着地球和其他行星以每秒十几公里的速度飞奔。

(6) 从炎炎的夏天到雪花飘落的冬天，延安窑洞里的那盏台灯，整夜整夜都是那样明亮。

(7) 这个展览通过生动的艺术形象告诉人们劳动人民在旧社会里受到极其残酷的政治压迫和经济剥削，以及他们对敌人进行的英勇的斗争。

(8) 老教授希望他的学生能做一个为人民所爱戴的艺术家。

(9) 龙梅费力地背起妹妹向前继续追赶羊群。

(10) 第二天早上，老通宝就到镇里去想法借钱来买桑叶。

(11) 山上经霜的枫叶，红得像天边的晚霞。

(12) 在朝鲜的每一天，我都被一些事情感动着。

(13) 临近栀子花开的季节,又有一批毕业生即将跟大学生活说拜拜。

(14) 厂家除了在工地周围造一条围墙,门房里置一个请愿警,门外钉一块"工房重地,闲人莫入"的木牌,使这些乡下小姑娘和外界隔绝之外,将管理权完全交给带工老板。

(15) 勇士们又用轻重武器组织严密的火力压向敌人。

(16) 我懂得党不仅要培养我成为一个精通业务的技术工作者,而且要培养我成为一个具有革命理论的政治工作者。

(17) 敦煌艺术宝库的保存,使我们有可能来理解一千五六百年来的中国艺术的成长、演变和发展。

(18) 神奇的克隆技术正向人类展示它诱人的前景。

(19) 令人惊叹的是,人们在这无鱼无草的海水里,竟能自由游弋;即使是不会游泳的人,也总是浮在水面上,不用担心会被淹死。

(20) 生长在江南的同志们看到这幅画高兴得直鼓掌。

(21) 国家保护公民的合法收入、储蓄、房屋和其它生活资料的所有权。

(22) 这种粗暴而简单化的做法,使大家非常反感。

(23) 国家通用语言文字的使用应当有利于维护国家主权和民族尊严。

(五) 简答题
1. 根据下列句型的要求,造出相应的句子。
(1) 形补谓语句

(2) 名词性非主谓句

(3) 兼语谓语句

（4）主谓谓语句

（5）名词性谓语句

2. 用名词性谓语句回答下面的问题。
（1）明天星期几？

（2）你哪儿人？

（3）今天天气怎么样？

（4）你朋友长得怎么样？

3. 根据已经学过的句式，判断下列句子分别属于什么句式。
（1）发给他一件大衣。
（2）拍了他一下。
（3）叫黄蜂蛰了一下。
（4）将革命进行到底！
（5）西瓜一人一个。
（6）海上刮起了大风。
（7）问你一个问题。
（8）我心里不太痛快。
（9）把房间给整理一下。
（10）告诉我去天安门广场怎么走。

三、阅读思考

1. 主谓谓语句实际上还有其他一些类型，你可以再举出一些来吗？

2. 中心词分析法既然有那么多缺点，为什么会在我国流行那么长时间？

第四部分 （第6—7节）

一、要点透视

了解单复句的区别,掌握复句的类型,熟练掌握多重复句的分析方法,并能对多重复句进行划分。熟悉紧缩句的特点。

二、同步训练

（一）填空题

1. 复句是由两个或两个以上的分句组成的,它们在_____有联系,在_____互不作句子成分。
2. 单句组合成复句,一靠_____,称为"意合法";二靠_____,称为"形合法"。
3. 辨别单句和复句,具体地说,涉及结构关系、_____和_____三个因素。
4. "悲观的人虽生犹死,乐观的人永生不老。"是_____复句。
5. "麻雀虽小,五脏俱全。"是_____复句。
6. 根据结构层次多少划分,复句可以分为_____和_____。
7. 句群也叫_____,它是由前后连贯共同表示一个中心意思的几个_____组成。
8. _____是最大的语法单位。
9. "五香瓜子,要吗？盐炒葵花子,要吗？油炸花生米,要吗？"是_____句群。
10. "地肥水美五谷香"是_____句。

（二）判断题

1. "他不见兔子不撒鹰。"一句是复句。（　　）
2. 复句是由两个或两个以上的单句组成的句子。（　　）
3. 所有复句都必须由关联词语连接分句。（　　）
4. 复句无论怎么复杂,单句无论怎么简单,都只有一个句调。（　　）
5. "我曾经说过,即使我不参加,大家也会参加。"这是一个假设复句。（　　）
6. 句群的构成单位是句子,复句的构成单位是分句。（　　）
7. 句群和段落是两个不同的概念。（　　）
8. "我不是要人装傻,而是要人一片天真。"是转折复句。（　　）
9. "你把意见整理一下,明天好交大会讨论。"是目的复句。（　　）
10. "天一亮就出去锻炼"是紧缩复句。（　　）

（三）单项选择题

1. 下面句子中属于复句的是⋯⋯⋯⋯⋯⋯⋯⋯⋯⋯⋯⋯⋯⋯⋯⋯（　）
   A　小明下了地铁，上了112路公交车。
   B　肖玲听说，公司换了个会计。
   C　这些花儿的特点是，颜色淡雅，香味浓郁。
   D　为了孩子弹好钢琴，父母没少费劲。

2. 下面说法不正确的是⋯⋯⋯⋯⋯⋯⋯⋯⋯⋯⋯⋯⋯⋯⋯⋯⋯（　）
   A　分句和分句之间有意义上的联系
   B　分句有时用连词连接
   C　连词是作为结构成分来看待的
   D　有的分句是定位的

3. "只要A，就B"是⋯⋯⋯⋯⋯⋯⋯⋯⋯⋯⋯⋯⋯⋯⋯⋯⋯⋯（　）
   A　因果复句　B　条件复句　C　目的复句　D　转折复句

4. "即使A，也B"是⋯⋯⋯⋯⋯⋯⋯⋯⋯⋯⋯⋯⋯⋯⋯⋯⋯⋯（　）
   A　因果复句　B　假设复句　C　目的复句　D　转折复句

5. "分析能力强，是这位青年同志的优点。"这句话是⋯⋯⋯⋯⋯（　）
   A　单句　　　B　一重复句　C　多重复句　D　紧缩句

6. "外面太阳很好，也没有风。"这句话是⋯⋯⋯⋯⋯⋯⋯⋯⋯（　）
   A　单句　　　B　一重复句　C　多重复句　D　紧缩句

7. "你跑得再快也追不上他"是⋯⋯⋯⋯⋯⋯⋯⋯⋯⋯⋯⋯⋯（　）
   A　单句　　　B　一重复句　C　多重复句　D　紧缩句

8. "我越学越爱学。"这句话是⋯⋯⋯⋯⋯⋯⋯⋯⋯⋯⋯⋯⋯（　）
   A　倒装句　　B　紧缩句　　C　省略句　　D　单句

9. "不要变成事实的保管人。要洞悉事实发生的奥秘。"是⋯⋯（　）
   A　并列句群　B　选择句群　C　转折句群　D　条件句群

10. "我们这么大一个国家，怎么才能团结起来、组织起来呢？一靠理想，二靠纪律。"是⋯⋯⋯⋯⋯⋯⋯⋯⋯⋯⋯⋯⋯⋯⋯⋯⋯⋯⋯⋯⋯⋯⋯⋯⋯（　）
    A　承接句群　B　解说句群　C　因果句群　D　目的句群

（四）分析题

1. 指出下列复句的类型。

（1）流行音乐是时尚流行的文化，必须由年轻人去做。

（2）1953年，德国一家拉链公司首次推出了用塑料制作的拉链，从而大大降低了拉链的生产成本。

(3) 宁损失一百万,也不失一人才。

(4) 谁泄露消息,谁负法律责任。

(5) 营业大厅里,数百人盯着行情显示屏,上面时刻显示着上海和深圳股市交易价格的变化。

(6) 精神固然离不开物质,但精神的力量可以使有限的物质发挥最大的潜能。

(7) 她忘记了说感谢的话,只是一个劲地傻笑。

(8) 不是一位中学老师自告奋勇送我回家,我会迷失在香山植物园里。

(9) 连他这样的高手都解决不了,何况你呢?

(10) 他的祖国则因为他玷污了国家的名誉将他除名,于是他成了一个没有国籍的人。

(11) 西班牙港并非是西班牙的港口城市,而是加勒比海岛国特立尼达和多巴哥的首都。

(12) 秘书长是联合国的首席行政长官,也是联合国秘书处的最高领导。

(13) 来客也不少,有送行的,有拿东西的,也有看热闹的。

2. 下面的句子是单句还是复句? 为什么?
(1) 当国旗升起的时候,我从一个山村孩子纯真的敬礼里,看到中国深远处的伟力和韧性。

(2) 她用秤称了一下书稿,十二斤半。

(3) 无论怎样普通、微小的花朵,都是构成美的部分。

(4) 跛足歌手弹着古朴斑驳的竖琴朝他走来。

(5) 他刚出生不久父亲便去世了。

3. 请判别下面的句子,哪些是单句,哪些是复句:
(1) 他这个人呀,就是不听老人的话。
(2) 才说了几句,他就睡着了。
(3) 对你,对我,他都不太信任。
(4) 他这是对你说,不是对我说。
(5) 为了弟弟,我们都作出了极大的牺牲。
(6) 为了迎接总统的到来,我们里里外外打扫了一遍。
(7) 她走过去关上门。
(8) 她走过去,关上门。
(9) 不但全体学生,而且所有的教师都喜欢看这部电影。
(10) 这地方不但风景优美,而且空气新鲜。
(11) 墙上挂着两张地图,一张是世界地图,一张是中国地图。
(12) 墙上挂的两张地图,一张是世界地图,一张是中国地图。

4. 分析下列多重复句:
(1) 发展个体经济不是权宜之计,而是我国一项长期的方针,也是改革的一个重大步骤。

(2) 由于老年人各自"闭关自守",信息闭塞,即使知己就在咫尺,相互之间却"老死不相往来"。

(3) 没有人,政策法规再好,也是难以发挥作用的。

(4) 由于地下军事要塞的修筑是在秘密状态下进行的,为防止军事泄密,劳工要么被折磨致死,要么被秘密杀害。

(5) 念小学时,家境拮据,买不起漂亮的信笺,更买不起自来水笔。

(6) 为推动国家通用语言文字的规范化、标准化及其健康发展,使国家通用语言文字在社会生活中更好地发挥作用,促进各民族、各地区经济文化交流,根据宪法,制定本法。

(7) 与会代表不仅专业知识精湛,而且见多识广,能得到他们的首肯,靠的不是溢美之词,而是材料、事实、理论和数据。

(8) 不管你再怎么身居高位,一旦犯了错误,尤其是贪污罪,不是被免职,就是降级,或长年不加薪,直至判刑。

(9) 人生中一些极珍贵极美好的东西,如果不好好把握,便常常失之交臂,甚至一生难得再遇再求。

(10) 大学的原意是学生组合成的团体,想读书研究的人,不论年老年轻,大家组成一个团体,聘请名师来讲授,这就是大学的起源。

(五) 简答题
1. 下列句子哪些是紧缩句,哪些是单句? 判断的理由是什么?
(1) 他不去不要紧。

(2) 梨不吃不知道味道。

(3) 你要来明天就来。

(4) 你真是越来越漂亮了。

(5) 他们一家五口就住两间房子。

(6) 没找到凭据就下判断叫武断。

(7) 你再说也没有用。

(8) 他放学回家一口气吃了三碗饭。

2. 简要说明句群与复句的区别。

三、阅读思考

1. 有人把复句首先分为"联合复句"和"偏正复句"两大类,然后,每个大类下面再分出若干小类,你认为这样做好不好?有没有必要?

2. 有人说紧缩句是用单句的形式表达了复句的内容,因而紧缩句既不是单句,也不是复句,而是一个独立的类。你对此有何看法?

第六章 修 辞

第一部分 （第1—2节）

一、要点透视

了解修辞的含义、特点和原则，修辞与语音、词汇、语法的关系；懂得语音调谐的基本方法和手段，并能加以运用。

二、同步训练

（一）填空题

1. 修辞这一术语，有时指_____，有时指_____，有时指_____。

2. 修辞的特点主要包括：第一_____，第二_____，第三_____。

3. 修辞与语法关系密切，语法讲_____，是表达的_____层次，修辞讲_____，是表达的_____层次。

4. 汉语语音的突出特点是_____强，音节中_____占优势。

5. 选用合适的双声叠韵词是和谐声韵的一种方法，李重华的《贞一斋诗说》中有过评论"叠韵如_____；双声如_____。"

6. 古汉语的声调与现代汉语的声调有所不同，分为_____四种。平声字的特点是_____，仄声字的特点是_____。

7. 中国有句古话"瓜熟蒂落，水到渠成"，前四个字的平仄安排是"平平仄仄"，后四个字的平仄安排是_____。

8. 现代汉语的词有单音节的，也有_____音节或_____音节的，但以_____词占多数。

（二）单项选择题

1. 修辞和其他学科关系密切，如语音、词汇、语法等等，而修辞主要研究的是……………………………………………………………………（ ）

A 通不通　　B 对不对　　C 好不好　　D 正确与否

2. 修辞的目的在于……………………………………………（　　）

A 研究语言的配合规律　　B 研究词语的锤炼
C 研究修辞格的运用　　　D 提高语言的表达效果

3. 修辞学从某种意义上看，又是一种边缘学科，与它有关系的还有
………………………………………………………………（　　）

A 建筑学　　B 心理学　　C 教育学　　D 小学教育

4. 词是声音和意义的结合体，声音是词的……………………（　　）

A 物质形式　B 精神形式　C 外在形式　D 内在形式

5. "叮咛细语——凄意已足，语音已微。"这句话里的"叮咛"、"凄意"是
………………………………………………………………（　　）

A 叠音词　　B 叠韵词　　C 双声词　　D 合成词

6. 现代汉语普通话有四声，将四声分为平声、仄声两类，这主要决定于普通话声调的……………………………………………………（　　）

A 音强　　　B 音长　　　C 音色　　　D 音高

7. 普通话四声中，阴平、阳平为平声，上声、去声为仄声，仄声的特点是
………………………………………………………………（　　）

A 长而缓　　B 短而缓　　C 长而慢　　D 短而促

8. 下列成语中属于"仄平平仄"的是…………………………（　　）

A 众星捧月　B 厚此薄彼　C 文如其人　D 不刊之论

9. 徐迟《哥德巴赫猜想》的原文中有一句话"他的命就是数学"，后作者改为"他的生命就是数学"，从韵律配合的角度看，主要是为了使………（　　）

A 结构对称　B 语气舒缓　C 意思清楚　D 音节匀称

10. "书中夹红叶，红叶颜色好。请君隔年看，真红不枯槁。"末句的"枯槁"与"枯干"、"枯萎"同义，之所以用"枯槁"是为了求得………（　　）

A 押韵、上口　B 色彩一致　C 平仄相协　D 前后对称

（三）名词解释题

1. 修辞学

2. 叠音词

3. 双声词

4. 叠韵词

（四）分析题

1. 指出下列每段话在语音修辞上的特点，如双声、叠韵、叠音、拟声等。

(1) 曲曲折折的荷塘上面,弥望的是田田的叶子。叶子出水很高,像亭亭的舞女的裙。

(2) 而抑郁缠绵,作茧自缚的情绪,总是太"人间"了,对不上这晶莹的雪月,空阔的山林。

(3) 后羿登上昆仑山顶,运足气力,拉满神弓,"嗖——嗖——嗖——"一口气射下了九个太阳。

2. 读下面的诗文,标出平仄配合。
梅破芯,柳垂丝。

荷香十里,麦穗两畦。

剥橙香透甲,尝稻气翻匙。

(五) 简答题
1. 修辞的基本原则是什么?它主要表现在哪些方面?

2. 修辞与语音、词汇、语法有什么关系?它还和哪些学科有关?

三、阅读思考

下面一首小诗题为《小溪,我认识了你》,请结合修辞的原则,说说你的感悟。

小溪,我认识了你
　水花,欢乐的音符

波纹,轻盈的步履
　太阳是颗心儿,抱在怀里
　白云是块纱巾,随风轻移

小溪,我认识了你
　谁说你没有痛苦,无忧无虑
　吟唱着轻松的歌,不歇不息
　谁说你缺乏情感,只爱自己
　踏着一个节奏,潺潺流去

小溪,我认识了你
　严酷的日子,坚冰要把你窒息
　你凝聚力量,焦苦地期盼着春的消息
　你跳上岸,倾吐多少柔情蜜意
　青了杨柳,红了桃花,绿了草地

啊,小溪,我真正认识了你

第二部分 （第3—4节）

一、要点透视

了解词语的锤炼和句式的选择的意义、特点,懂得词语锤炼的主要途径,懂得长句与短句、整句与散句、口语句式与书面语句式的特点和修辞效果。

二、同步训练

（一）判断题

1. 词语的选择和锤炼,是话语表达的基础环节。古人"吟成一个字,拈断数茎须",或者"为求一字稳,耐得半宵寒",都是重视锤炼词语的真实写照。（　　）

2. 词语锤炼的总要求是:准确、鲜明、生动、简练。锤炼词语的最高境界应该是"朴字见奇、常字见险、陈字见新、平字见奇"。（　　）

3. 同义词语和反义词语选用的原则是准确性、鲜明性、得体性。（　　）

4. "你对着一幅名画,只能够用心地读它,它会引你到达一些意想不到的境地。"这是郭沫若的《题画记》中的一句话,其中的动词"读"选用准确,语义极为丰富,欣赏一幅名画,就犹如读一部名著,要仔细品读,反复玩味。（　　）

5. 我国自古就有"百炼成句,千炼成字"的说法,以增强语言的表现力。（　　）

6. 长句主要表现在修饰成分多,联合成分多,结构层次多。（　　）

7. 短句一般用于书面语言和文学作品。对话、演说、新闻报道、儿童文学作品等多用短句。（　　）

8. 整句是由两个或两个以上结构相同或相似的短语、句子连接组成的语句体式。（　　）

9. "这时教室里变得很寂静,好似荒凉的墓冢。每个人都在冥思苦想,举棋不定。我已顾不得探查他人的答案,面对着自己人生的白纸,愁肠百结。"这段话既是短句,也是整句。（　　）

10. 根据人们交际方式的不同,句式可分为口语句式和书面语句式。"'全球化'是20世纪90年代最时髦的词之一。'全球化'指的是一种社会化过程。它不是一种口号、一种主张或者一种信仰。它指的是世界上各种文化更加广泛、更加频繁、更加激烈、更加深入地相互接触和冲撞,并且是多向的、多层次的互动和吸纳。"这段话体现了书面语句式的特点。（　　）

（二）选择题（1—8单项选择,9—16多项选择）

1. 老王几次上门_____,才使得两家重归于好。…………（　　）
A 斡旋　　　　B 打圆场　　　　C 调解　　　　D 和稀泥

2. 下列词中专用于书面语的是 ( )
   A 汗颜　　　B 惭愧　　　C 不好意思　　D 难为情

3. "这汤不热了",这句话产生歧义的原因是 ( )
   A 词义不明确　B 句法不固定　C 语义关系含糊　D 层次不清楚

4. "在甲板上写字",这句话产生歧义的原因是 ( )
   A 句法不固定　B 词义不明确　C 层次不清楚　D 语义关系含糊

5. "潘月亭——一块庞然大物裹着一身绸缎。"这句话中有两个词用得极为准确,它们是 ( )
   A 块、绸缎　　B 裹、绸缎　　C 裹、身　　D 块、裹

6. "曼青在回味章女士临去时的一笑"中"回味"一词的意义是指曼青对章女士临去时甜美而含有深意的一笑的 ( )
   A 回忆、品尝　B 回忆、琢磨　C 琢磨、品尝　D 回忆、分析

7. "燕子去了,有再来的时候;杨柳枯了,有再青的时候;桃花谢了,有再开的时候;但是,聪明的你告诉我,我们的日子为什么一去不复返呢?"这段话在句式上的特点是 ( )
   A 先散后整,以散为主　　　B 先整后散,以整为主
   C 先整后散,以散为主　　　D 先散后整,以短为主

8. 下面的句子按语意连贯的要求加以组接,其顺序应该是 ( )
   ① 我们应当怎样对待想和做呢?
   ② 真正的道理是在行动中取得经验,再根据经验想出来的。
   ③ 我们常说的"从实际出发",就是想和做联合起来的纽带。
   ④ 想和做是分不开的,一定要联系起来。
   ⑤ 不做事情,凭空设想,那是"空想";不动脑筋,埋头苦干,那是"死做"。
   ⑥ 无论工作或学习,"空想"和"死做"都得不到进步。
   ⑦ 想的时候从实际出发,就不能空想,必须去接近实际。
   ⑧ 做,要靠想来指导;想,要靠做来证明。
   ⑨ 这样,才能想得对,做得对,不断进步。
   ⑩ 而且想出来的道理到底对不对,还得拿行动来证明,行得通就是对的,行不通就是错的。
   ⑪ 一面想,一面做。
   A ①⑤④⑥③⑦⑪⑧②⑩⑨　　　B ①⑤⑥④③⑦⑪⑧②⑩⑨
   C ①⑤⑥④⑦③⑪⑧②⑩⑨　　　D ①⑤④⑥⑦③⑧⑪②⑨⑩

9. 能在"板书"后面与之搭配的词是 ( )
   A 工整　　B 潦草　　C 草　　D 齐　　E 字大

10. 下列词语属于尊称的是 ( )
    A 令堂　　B 尊父　　C 令爱　　D 小婿　　E 在下

11. 下列词语属于谦称的是 …………………………………………（   ）
    A 令兄   B 家父   C 舍弟   D 令郎   E 鄙人
12. 上下文的衔接方式有 ……………………………………………（   ）
    A 依次观览的方式   B 凌空鸟瞰的方式
    C 以点带面的方式   D 互相依存的方式
    E 遥相呼应的方式
13. 下列句子的信息分布属于对比焦点的是 ………………………（   ）
    A 有的人活着,他已经死了;有的人死了,他还活着。
    B 幼儿园里走丢了一个孩子,后来被老师找到了。
    C 石头城小,塔吉克人心宽;我们住的城大,而我们的心却总是结成一团死疙瘩……
    D 历史必将证明,是人类消灭了核武器,而不是核武器消灭了人类。
    E 静寂笼罩着威尼斯,古老的威尼斯又沉沉地入睡了。
14. 下列句子表达的意思基本相同,但有细微差别 …………………（   ）
    ① 创造力比知识更重要。
    ② 知识重要,创造力更重要。
    ③ 创造力比知识更重要吗?
    ④ 把创造力放在比知识更重要的地位上。
    ⑤ 难道创造力比知识更重要?
    ⑥ 创造力被看作比知识更重要的思维方式。
    ⑦ 谁不认为创造力比知识更重要?
    A ①②是陈述句   B ③是一般疑问句
    C ⑤⑦是反问句   D ③⑤是反问句
    E ④⑥分别是把字句、被字句
15. "屈原之死,死的原因不是'诗人'的,死的方式却是'诗人'的。政治家只要死得其所和旗帜鲜明,诗人却要死得美,死得如其所吟,死得浪漫。"这段话在句式的选择上用了 ……………………………………………（   ）
    A 整句   B 散句   C 被动句   D 否定句   E 书面语句式
16. 有人给昆明黑龙潭写了一副对联,"两树梅花一潭水,四时烟雨半山云",颇受好评,这是因为 ……………………………………………（   ）
    A 没有用一个动词   B 没有用一个形容词
    C 对仗工整   D 组合巧妙
    E 描绘了古木参天、潭深水碧的景色。

(三) 分析题

1. 对下面的多义短语根据其所包含的意义作适当改动,使他们都成为一形一义。

(1) 我们穿好衣服。

(2) 妈妈不想吃饭了。

(3) 家长会开始吧,学生家长都到齐了。

(4) 车上睡不好。

(5) 下午我们小组讨论。

2. 从简洁的角度修改下列句子。
(1) 香港回归祖国离现在已经十多年了。

(2) 这个妇女全身上下珠光宝气。

(3) 老画家精神矍铄,嘴巴下留着一把花白的胡子。

(4) 他的内心时常为自己年轻时做的一件负于人的亏心事所困扰。

(5) 话剧《雷雨》经过修改,重新恢复上演。

3. 从语言规范的角度修改下列句子。
(1) 这款三星手机将于十一月中旬炫亮登场。

(2) 他的发言既有深度又有新度。

(3) 他演了一次讲,又演了一次讲,我们终于被他打动了。

(4) 今天下午的会议主要研商学生就业问题。

三、阅读思考

1. 阅读下面一段文字,试从锤炼词语的角度说说修辞效果。

这里的水,多,清,静,柔。在园里信步,但见这里一泓深潭,那里一条小渠。桥下有河,亭中有井,路边有溪。石间细流脉脉,如线如缕;林中碧波闪闪,如锦如缎。这些水都来自难老泉。泉上有亭,亭上挂着清代著名学者傅山写的"难老泉"三个字。这么多的水长流不息,日日夜夜发出叮叮咚咚的响声。

2. 读读下面的句子,试从词语选用、句子特点及修辞格三个方面进行分析:
吞噬光阴的是懒惰和无聊,
赢得时间的是勤奋和智慧。

第三部分 （第5节）

一、要点透视

了解修辞格的相关知识，较熟练地掌握各种修辞格的特点、作用，能懂得既有联系又有区别的辞格，能综合运用各种辞格。

二、同步训练

（一）填空题

1. 修辞格简称_____，又叫_____或_____。

2. 比喻又叫譬喻，就是_____。比喻的三要素是_____、_____、_____。

3. 比拟往往借助_____，从一个事物跳跃到另一个事物。拟人的方法有三种，第一种是用描写人的词语描写物；第二种是_____；第三种是_____。

4. 借代之所以也叫"换名"，是因为_____，如_____。

5. 对偶是汉语的_____表达形式。正对和反对的主要区别是_____。

6. _____项以上的间隔反复可以兼排比，而_____反复则只是反复而不兼排比。

7. "历史可以很小很小，小到一个庭院，一孔窑洞，甚至小到一个蚁穴。"这段话运用了层递中的_____。

8. 对比，也叫_____。"虚心使人进步，骄傲使人落后"，既是对比，也是_____。这种对比是_____对比。

9. 设问的主要作用是_____。反问又叫_____、_____，其主要作用是_____。

10. 顶真就是用_____的一种修辞方式。又叫_____、_____、_____。

11. "桃树、杏树、梨树，你不让我，我不让你，都开满了花赶趟儿"中的"你不让我，我不让你"是_____与_____的兼格。

12. 拈连是利用上下文的语意关联，_____的一种修辞方式。

13. 三鹿奶粉事件发生后，传统成语"鹿死谁手"被网友改成"谁死鹿手"，以表达对食品安全的无奈及焦虑。这是巧妙运用了_____的修辞格。

14. 摹色就是_____。所用的词语一般是_____词,有重叠式的,也有偏正式的,如_____。

15. 修辞格的综合运用是指在一个语言片段中,同时运用_____或_____以上的辞格。主要有_____和_____两种形式。

(二)选择题(1—10 单项选择,11—20 多项选择)

1. "他没有学过修辞。"这句话中"修辞"的涵义是 ……………( )
   A 修辞活动　　B 修辞规律　　C 修辞格　　D 修辞学

2. "每当戏中的女子情到深处,牵挂便如水袖般若即若离;而悲到切处,恨,也在拂袖而去的那一刹那凝固。"这句话中的比喻是 ……………( )
   A 暗喻　　B 明喻　　C 借喻　　D 对喻

3. "他的手指在琴弦上不停地滑动着,流水、月光都变成了一个个动人的音符,从琴弦上流泻出来。"这句话中的比喻是 ……………( )
   A 暗喻　　B 明喻　　C 非比喻　　D 借喻

4. "微雨初歇,无数的珍珠散落在枝头,婷妍交辉。"这句话中的比喻是 ……………( )
   A 同位喻　　B 明喻　　C 暗喻　　D 借喻

5. "学习击鼓总有漏拍的时候,
   　练习舞蹈也会迈错脚步。
   　年轻人啊,
   　谁又能不犯错误。"
这段诗句中的比喻是 ……………( )
   A 较喻　　B 博喻　　C 引喻　　D 简喻

6. "细小的花朵,在阳光的抚摸下,更觉亮丽。"这句话是修辞中的 ……………( )
   A 夸张　　B 借代　　C 比喻　　D 拟人

7. "透过树的缝隙,便看到一道瀑布悬挂在岩壁上,上面折为三叠,好像一匹宽幅白练正从织布机上泻下来,那'哗哗'的水声便成了千万架织布机的大合奏。"这段话包含了哪三种修辞格 ……………( )
   A 明喻 借喻 夸张　　　　B 暗喻 借喻 比拟
   C 借喻 暗喻 夸张　　　　D 明喻 暗喻 夸张

8. "日出江花红胜火,春来江水绿如蓝"运用的修辞格是 ……………( )
   A 宽对　　B 工对　　C 串对　　D 夸张

9. "绿树掩映间,有一座徐霞客塑像,他正遥对瀑布,作凝望谛听状,他完全沉醉了,如痴,如迷。此时此刻,我们也完全沉醉了,如痴,如迷。"这段话中运用的修辞方式是 ……………( )
   A 连续反复　　B 摹状　　C 间隔反复　　D 排比

10. "桥下汲水的姑娘,彩裙一闪,拎走晚霞朵朵。"和"年底'跳槽'变'卧槽'。"运用的修辞格是 ( )
   A 拈连 仿词   B 拟人 仿词   C 拈连 夸张   D 拟人 拈连
11. 下列喻词中可以作为暗喻的喻词是 ( )
   A 似的   B 成为   C 是   D 变成   E 当作
12. 下面的句子不属于比喻的有 ( )
   A 这两朵花像真的一样。   B 他是白领。
   C 理想是灯,照亮夜行的路。   D 生命如四季。
   E 流年似水。
13. 祝枝山出上联"水车车水,水随车,车停水止",唐伯虎当即对下联:"风扇扇风,风出扇,扇动风生。"这里运用的辞格是 ( )
   A 对偶   B 夸张   C 比拟   D 顶真   E 反复
14. 下列句子中用借代修辞格的是 ( )
   A 这次他们到海南岛是自驾游,清一色的"大众"。
   B 你把东风带给树枝,让小鸟快活地飞上蓝天。
   C 最可恨那些毒蛇猛兽吃尽了我们的血肉。
   D 我们所进行的是空前伟大而艰巨的事业,不管在哪一条战线上,都需要成千上万的雷锋。
   E "义哥是一手好拳棒,这两下,一定够他受用了。"壁角的驼背忽然高兴起来。
15. "如果我们失去了钱财,我们仅失去了一点;如果我们失去了爱情,我们就失去了一半;如果我们失去了尊严,我们就失去了许多;如果我们失去了乐观,我们就失去了全部。"运用的辞格是 ( )
   A 对偶   B 层递   C 排比   D 借代   E 反复
16. 凌峰曾戏称自己:"一脸挂着五千年的苦难。"这句话中的辞格是 ( )
   A 比喻   B 夸张   C 对比   D 拈连   E 比拟
17. "今天栽下绿色的希望,
    明天长成参天大树。
    叫风沙乖乖低头,
    让百鸟翩翩起舞。"
这段诗歌中运用的修辞格是 ( )
   A 对偶兼拈连   B 对偶兼夸张
   C 对偶兼拟人   D 排比兼拟人
   E 排比兼拈连
18. 下面的句子中属于辞格连用的是 ( )
   A 啊,地上草如茵,两岸柳如眉。三月桃花水,叫人多沉醉。

B 每一条波纹,都是一根轻柔的弦。那细白的浪花,敲打着有节奏的鼓点。
C 风声雨声读书声,声声入耳;家事国事天下事,事事关心。
D 秋的夜,虫儿在外面唱歌,凉爽的斗室里有着梦一般的诗情和诗一般的梦境,此时阅读,如食哀梨,如饮醍醐。
E 千百年来,周庄的桥经受住了无数历史风雨磨蚀,可它总是坚韧地拱起它赤裸裸的脊梁,默默驮过无数交替的日月星辰,深情地期待着从天南海北到来的客人。

19. 下面的句子中属于辞格兼用的是 …………………………………………（　　）
A 我尊敬胡杨是荒漠中的英雄树,给人以绝境中生的启示。夏季,披一身油绿犹如沙漠中的绿色火炬;秋季,抖动着金色的双臂装点着原野的苍茫;冬天,像一位长发及肩的女孩子挟着一股寒气向你跑来。
B 在她的瞩目里,今生我会像一只山鹰骄傲地飞过积雪的山顶吗？而那袅袅上升的炊烟呵,是一条长长的飘带,千万里系着亲人绵绵不断的祝福。
C 好书常如最精美的宝器,珍藏着人的一生思想的精华。
D 青山有幸埋忠骨,白铁无辜铸佞臣。

20. 下列广告词颇有特色,有的还恰当地运用了修辞手法,它们是 …………………………………………（　　）
A 太子龙,中国风。(太子龙服装)
B 牛奶香浓,丝般感受。(德芙巧克力)
C 车到山前必有路,有路必有丰田车。(丰田汽车)
D 农夫山泉,有点甜。(农夫山泉矿泉水)
E 双鹿爱人人,人人爱双鹿。(双鹿电冰箱)

（三）判断题
1. 1932年,陈望道《修辞学发凡》的问世成为中国修辞学的奠基之作。（　　）
2. 博喻是比喻的一种铺陈格式,运用一两个喻体从不同角度反复描绘说明同一本体。（　　）
3. 夸张的作用很明显,它适用于各种文体。（　　）
4. 串对的上下联之间可以表示因果、条件、假设、承接等逻辑关系。如"不因鹏翼展,哪得鸟途通"。（　　）
5. 三项以上的反复都可以兼排比。（　　）
6. 对偶里的"反对"就意义上说是对比,就形式上说是对偶。（　　）
7. 反问又叫"诘问","我已经长大成人,可是所有大人不都是从孩提时代走来的吗?"是否定式反问。（　　）
8. 顶真是汉语传统修辞格之一,"只有在学中问,在问中学,才能求得真知"运用了顶真的手法。（　　）
9. 拈连是词语的正常搭配。一般说来,甲事物是具体的,乙事物是抽象的。（　　）

10. "跑百家不如走一家"运用了明喻。　　　　　　　　　　（　　）

(四) 分析题

1. 指出下面的语言片段分别运用了什么修辞格。

(1) 桃树、杏树、梨树,你不让我,我不让你,都开满了花赶趟儿。红的像火,粉的像霞,白的像雪。花里带着甜味儿,闭了眼,树上仿佛已经满是桃儿、杏儿、梨儿。

(2) 我是倒下了吗? 没有,我站立着,站立着。

(3) 村子靠着山,山脚下有个大龙潭,龙潭的水流到村前成了小溪,溪水碧清碧清的,像一块温润的碧玉,像柔美的琴声,像撒野的娇儿……

(4) 历史可以很短很短,只是一个冬天或者一个夏天,只是抽一支烟的片刻,甚至只是眨眼瞬间。

(5) 浪漫是感性的也是理性的,浪漫是细致的也是博大的,浪漫是喜悦的也是忧伤的。

(6) 他把党和人民对他的要求"置之度外",而把他对党和人民的要求"置之度内"了。

(7) 我们可以承担一个浩大的战争,可以承担重建家园的种种艰辛,可是却承担不了如此沉重的离情。

(8) 你肚里有墨水儿,脑瓜儿又活,看个文件什么的,只要拿眼把题目一扫,里面的内容便能猜个大概。

(9) 我曾在海拔五千多米的冰山上攀援绝壁,被缺氧的滋味吓破了胆。

(10) 重重叠叠山,婷婷娜娜石,曲曲环环水,丁丁冬冬泉,水中有山,山中有水,山抱碧水,水映青山,风光无限。

2. 从综合运用的角度分析下列各个语言片段中的修辞格。
(1) 黄昏蹒跚在苍茫的原野上。最后看见它好像醉汉似的颓然倒下,消失在黑夜里了。明早起来一看,它早已无影无踪,只看见万丈红霞捧出了初升的太阳。

(2) 传统的确是财富,但财富不在它的惰性;传统也的确是包袱,但包袱也不因它的非时装。传统不是可以随气温变化而穿脱的外衣,甚至也不是可以因发育而定期蜕除的角质表皮。

(3) 我愿摘下耀眼的星星,
　　给新婚的嫁娘,
　　作她们闪亮的耳环;
　　我要挽住轻软的云雾,
　　给辛勤的母亲,
　　作她们擦汗的手帕。

(4) 好！黄山松。
　　我大声为你叫好，
　　　谁有你挺得硬，扎得稳，站得高！
　　九万里雷霆，八千里风暴，
　　　劈不歪，砍不动，轰不倒！

3. 比较下面两例运用的修辞手法，说明它们各自的差别。
(1) A　放飞了风筝，同时也放飞了我们的心情和希望。
　　B　我们放飞了心情，放飞了喜悦，放飞了希望。

(2) A　猫哭老鼠——假慈悲。
　　B　千里送鹅毛——礼轻情义重。

（五）简答题
1. 简述修辞格的特定功能。

2. 对偶与对比、对偶与排比、排比与层递有什么区别？

3. 举例说明借喻与借代的异同。

4. 摹绘有哪几种类型？摹绘在语言形式上有哪些特点？

三、阅读思考

1. 请阅读管桦的《竹颂》片段并回答：

在那春之宫殿，同粉蝶追欢取乐的桃花，攀附它物的紫罗兰，还有那以富贵夸耀人世的牡丹，早已沉没在尘俗的荒漠里。独有劲竹，如同不朽的松柏一般，站立在苍茫的山野间；上有千仞高峰，下临百丈深渊，经历着风云的变幻。在命运的风暴中，你轰响着翻卷碧波，击打着汹涌的云海。你全身闪耀着电光，你的吼声吞没了电声。

(1) 开篇用了什么样的修辞手法，有什么作用？

(2) 作者从哪些方面颂"竹"，分别运用了哪些修辞格，体现了什么样的精神？

2. 阅读同以《清明》为题的两首诗，并回答以下问题：

清明时节雨纷纷，路上行人欲断魂。
借问酒家何处有，牧童遥指杏花村。

（唐·杜牧《清明》）

清明时节雨，行人欲断魂。
酒家何处有，遥指杏花村。

（清·纪晓岚《清明》）

(1) 得以广泛流传的是哪一首？

(2) 它的流传与修辞手法的运用有无关系，为什么？

参 考 答 案

第一章 绪 论

二、(一) 1. 交集工具、音义结合 2. 北京语音、基础方言、普通话 3. 2001年 4. 北方话 5. 语音、梅县话、吴方言 6. 北方 7. 闽、粤 8. 长沙话 9. 1982

(二) 1. 语言是人类最重要的交际工具和思维工具。

2. 现代汉民族共同语是以北京语音为标准音,以北方话为基础方言,以典范的现代白话文著作为语法规范的普通话。

方言是语言的地域变体。

(三) 略

三、略

第二章 语 音

第一部分 (第1—5节)

二、同步训练

(一) 填空题

1. 物理属性,生理属性,社会属性,社会属性

2. 音高,音强,音长,音色

3. 振幅,用力大小

4. 保持均衡的紧张,颤动

5. 发音方法,发音部位

6. 清音,浊音

7. 送气,不送气

8. m,n,l,r

9. 一符一音

10. 21,n,ng

11. 塞音,擦音,塞擦音,鼻音,边音

12. 双唇,唇齿,舌尖前,舌尖中,舌尖后,舌面,舌根

13. 舌尖中音,塞擦音

14. 不送气/送气,清音/浊音

15. 39,10,16,13,ai ei ao ou,ia ie ua uo üe,iao iou uai uei

16. 韵头,韵腹,韵尾

17. 开口呼,齐齿呼,合口呼,撮口呼

18. e,撮口

19. yu,yuan,yun,yong

20. 韵腹,you,wei,wen

21. i,in,ing,去 i 换 y

22. u,u,w

23. j,q,x,省略

24. 调值

25. 低,半低,中,半高,高

(二) 单项选择题

1. D 2. D 3. C 4. D 5. D 6. C 7. A 8. D
9. D 10. A 11. C 12. A 13. C 14. C 15. D 16. A

(三) 双项选择题

1. AD 2. BE 3. BC 4. CE 5. CD

(四) 判断题

1. √ 2. × 3. × 4. × 5. √ 6. × 7. ×
8. √ 9. √ 10. × 11. √ 12. × 13. × 14. ×

(五) 名词解释题

1. 音节是说话时自然发出、听话时自然感到的最小语音片断。

2. 音素是按照音色的不同划分出的最小的语音单位。

3. 音位是某种特定语言或方言里能区别意义的最小的语音单位。

4. 音高是指声音的高低,它决定于发音体振动的频率。

5. 发音部位是指气流在发音器官受到阻碍的位置。

6. 发音方法是指发音时气流在喉头、口腔和鼻腔内形成和克服阻碍的方式。

7. 元音是韵母构成的主要成分,但是除了单韵母是由单元音构成外,普通话的韵母还有由两个或三个元音构成的复韵母以及由元音和鼻音构成的鼻韵母,所以韵母大于元音。

8. 辅音和声母关系密切,普通话语音中有 22 个辅音,普通话的声母都是由辅音充当的,但是辅音 ng 只能作韵尾,不能充当声母,所以辅音大于声母。

9. 零声母指没有辅音在音节开头作声母,例如:"yu"、"yi"、"wu"、"an"等。

10. 声调是指音节的高低升降变化并具有辨义功能的一种语音现象。

11. 四呼即开口呼、齐齿呼、合口呼和撮口呼。

12. 清音是发音时声带不颤动的辅音。

13. 浊音是发音时声带颤动的辅音。

14. 调类是根据调值归纳出来的类别,是声调的分类。有多少调值,就有多少调类。

(六) 分析题

1. (1) 后半高不圆唇舌面元音[ɤ]

参 考 答 案

(2) 前半低不圆唇舌面元音[ɛ]
(3) 前高不圆唇舌面元音[i]
(4) 后半高圆唇舌面元音[o]
(5) 央低不圆唇舌面元音[A]

2. (1) a:央低不圆唇舌面元音
(2) e:后半高不圆唇舌面元音
(3) u:后高圆唇舌面元音
(4) -i[ʅ]:舌尖后高不圆唇元音
(5) ê:前半低不圆唇舌面元音
(6) er:央中不圆唇卷舌舌面元音

3. (1) a\e 同:不圆唇元音;异:a 央低元音、e 后半高元音。
(2) ü\u 同:① 圆唇元音 ② 舌面高;异:ü 舌位前,u 舌位后。
(3) -i[ʅ]舌尖后、高、不圆唇元音,er 卷舌元音。

4. (1) 双唇浊鼻音 m[m]
(2) 唇齿清擦音 f[f]
(3) 舌尖后清擦音 sh[ʂ]
(4) 舌面送气清塞擦音 q[tɕ']
(5) 舌面不送气清塞擦音 j[tɕ]
(6) 舌尖中不送气清塞音 d[t]
(7) 舌根送气清塞音 k[k']
(8) 舌面清擦音 x[ɕ]

5. 开口呼 shi er eng　齐齿呼 xiang yin　合口呼 weng wan　撮口呼 yun yuan

6. ˉ ˊ △ ˇ ˋ , ˇ △ ; ˉ ˉ △ ˉ , ˊ △ ˋ △ , ˋ ˊ △ , ˇ ˉ △ ˋ △ ˋ △ 。

7. 朴素(pǔsù)　　规范(guīfàn)　　年轻(niánqīng)　　合成(héchéng)
   洗脸(xǐliǎn)　　保证(bǎozhèng)　　商人(shāngrén)　　严肃(yánsù)
   激动(jīdòng)　　麻木(mámù)　　文明(wénmíng)　　发展(fāzhǎn)
   短促(duǎncù)　　停留(tíngliú)　　形体(xíngtǐ)　　奇妙(qímiào)
   美德(měidé)　　整体(zhěngtǐ)　　喜欢(xǐhuān)　　最美(zuìměi)
   内在(nèizài)　　青春(qīngchūn)　　追求(zhuīqiú)　　修养(xiūyǎng)
   画家(huàjiā)　　动人(dòngrén)
   龙飞凤舞(lóngfēi fèngwǔ)　　包罗万象(bāoluó wànxiàng)
   万水千山(wànshuǐ qiānshān)　　千钧一发(qiānjūn yīfà)
   安分守己(ānfèn shǒujǐ)　　好事多磨(hǎoshì duōmó)

8.

音节	声母	韵头	韵腹	韵尾	调值	调类	四呼
却	q	ü	e		51	去声	撮口呼
词	c		-i[ʅ]		35	阳平	开口呼
秀	x	i	o	u	51	去声	齐齿呼

续　表

音节	声母	韵头	韵腹	韵尾	调值	调类	四呼
锥	zh	u	e	i	55	阴平	合口呼
赢			i	ng	35	阳平	齐齿呼
润	r	u	e	n	51	去声	合口呼
晚		u	a	n	214	上声	合口呼
讯	x		ü	n	51	去声	撮口呼

9. 留念——留恋　　诗词——稀奇　　废话——会话　　尼龙——呢绒
老路——恼怒　　旅客——女客　　四时——事实　　软和——暖和

10. 前响复韵母：ai　ei　ao　ou
中响复韵母：iao　iou　uai　uei
后响复韵母：ia　ie　ua　uo　üe

(七) 简答题

1. 语音的社会属性是语音区别于其他声音的本质属性，主要原因有：
(1) 语音的形式和意义的结合是约定俗成的。
(2) 语音必然表现出一定的民族特征和地域特征。
(3) 语音具有系统性。
每一种语言都有自己的一套语音系统，这主要表现为：① 不同语言系统所包含的音素数目及其相互关系不同。② 有些音在几种语言里都存在，但它们在各自的语音系统中的作用和地位并不一样。

2. 汉语普通话音节的结构模式可以归纳为 12 种：
(1) 韵腹，例如：a 啊
(2) 韵头＋韵腹，例如：ua 挖
(3) 韵腹＋韵尾（元音），例如：ai 哎
(4) 韵头＋韵腹＋韵尾（元音），例如：iou 又
(5) 韵腹＋韵尾（辅音），例如：un 运
(6) 韵头＋韵腹＋韵尾（辅音），例如：iong 用
(7) 声母＋韵腹，例如：di 递
(8) 声母＋韵头＋韵腹，例如：xue 雪
(9) 声母＋韵腹＋韵尾（元音），例如：lei 类
(10) 声母＋韵腹＋韵尾（辅音），例如：can 参
(11) 声母＋韵头＋韵腹＋韵尾（元音），例如：niao 鸟
(12) 声母＋韵头＋韵腹＋韵尾（辅音），例如：zhuang 庄

3. 《汉语拼音方案》的基本用途是给汉字注音和学习普通话。利用汉语拼音方案来注音，以帮助认读汉字已成为实践证明了的行之有效的好办法。它不仅促进了学校教育和社会扫盲工作，也促进了民族共同语的发展和普及。现在的字典、词典都用拼音字母注音，还出版了大量的拼音读物，自《汉语拼音方案》公布以来，规定儿童入学先学拼音字母，然后利用拼音字母注音，认识汉字。现在有的地区实验"注音识字、提前读写"，充分利用拼音字母，发展儿童思维，取得了可喜的成果。此外，

它还有效地帮助了少数民族和外国人学习汉语,促进了民族团结和国际文化交流。联合国规定,使用汉语拼音方案来拼写中国的人名和地名。

三、阅读思考

共21个字,正好是普通话21个声母。

第二部分 (第6—7节)

二、同步训练

(一)填空题

1. 轻声,变调,语气词"啊"的变化,儿化
2. 变调,调号
3. 趋向动词,助词,方位词,名词的后缀;重叠式名词,重叠式动词,部分双音节词的第二个音节
4. 上声的变调,"一,七,八,不"的变调,重叠式形容词的变调
5. e,er
6. 表示喜爱、委婉的语感,形容细小轻微的性质和形状,确定名词词性,区别意义
7. 北京语音
8. 同一个词有几个不同读音

(二)单项选择题

1. A 2. A 3. A 4. C 5. B 6. D 7. B 8. A 9. A 10. D

(三)判断题

1. √ 2. × 3. × 4. √ 5. ×

(四)名词解释题

1. 音变:说话的时候,一串音节连续发音,音节与音节、音素与音素、声调与声调互相影响,声音会发生一定的变化。这种语音变化的现象叫"音变"。
2. 轻声:普通话的每个音节都有一定的声调,但有些音节在词语或句子里常常失去原有的声调,读成一种较轻较短的语调,这种较轻较短的语调叫轻声。
3. 儿化:指"儿"(er)音跟前面的音节结合,变更其韵母的音色,成为一种卷舌韵母,这种音变现象叫"儿化"。

(五)分析题

1. (1) 东西 dōngxi:名词,指物件;
      东西 dōngxī:指方向东和西。

    (2) 人家 rénjia:代词,指别人;
      人家 rénjiā:名词,住户。

    (3) 大意 dàyi:疏忽,不注意,形容词;
      大意 dàyì:主要的意思,名词。

    (4) 拉手 lāshou:家具上用来开门的物件,名词;
      拉手 lāshǒu:握手,动词。

    (5) 活动 huódong:名词,某些正常进行的举动、行动或运动;
      活动 huódòng:动词,摇动,摇晃。

(6) 自然 zìran：不勉强，不局促，不呆板，形容词；
    自然 zìrán：自然界等，名词。
(7) 利害 lìhai：剧烈、凶猛，形容词；
    利害 lìhài：利益和损害，名词。
(8) 摆设 bǎishe：名词，摆设的东西；
    摆设 bǎishè：动词，物品安放。

2. 举止（阳平）　指标（半上）　妥善（半上）　采访（阳平）
   引导（阳平）　一些（去声）　不屑（阳平）　八件（阳平）

3. 一(51)早儿　一(51)尘不染　百里挑一(55)　一(51)板一(51)眼
   一(35)辈子　始终如一(55)　一(51)朝一(51)夕　一(51)五一(51)十
   一(51)模一(35)样　一(51)丝一(51)毫　一(51)举一(35)动
   一(55)一(55)得一(55)

4. (1) 不！(51)不！(51)对不(轻声)起！是我们处理得不(51)好，不(51)能怨孩子。
   (2) 我们去不(轻声)去呢？虽然人家不(35)会在意，我还是觉得不(51)应该不(51)跟人家打声招呼。

5. 从戎(cóngróng)　　水獭(shuǐtǎ)　　粗犷(cūguǎng)
   堵塞(dǔsè)　　　　惬意(qièyì)　　簸箕(bòjì)
   粳米(jīngmǐ)　　　造诣(zàoyì)　　铿锵(kēngqiāng)
   荼毒(túdú)　　　　鞭笞(biānchī)　解剖(jiěpōu)
   奢侈(shēchǐ)　　　要挟(yāoxié)　　创伤(chuāngshāng)
   殷红(yānháng)　　 拙劣(zhuōliè)　活塞(huósāi)
   星宿(xīngxiù)　　 巷道(hàngdào)　龋齿(qǔchǐ)
   桎梏(zhìgù)　　　 亲家(qìngjia)　作坊(zuōfǎng)
   蚌埠(Bèngbù)　　　秘鲁(Bìlǔ)　　 高涨(gāozhàng)

三、阅读思考（略）

第三章　文　字

第一部分　（第1—3节）

二、同步训练

（一）填空题

1. 书写符号，辅助性交际
2. 语言，语言
3. 时间和空间，交际作用和范围
4. 语音，表音符号
5. 记录汉语的书写符号
6. 利用意符和记号，利用音符，同时利用意符和音符
7. 意符，音符

8. 意符音符（意音）

9. 语素—音节

10. 汉字适应汉语以单音节语素为主的特点,汉字适应汉语同音语素多的特点。

11. 笔画,二维平面,方块字

12. 超时空性

13. 繁多

14. 数量繁多,结构复杂

15. 悠久,甲骨文

16. 古文字,甲骨文,金文,战国文字,小篆,今文字,汉隶,草书,楷书,行书

17. 甲骨文,殷商

18. 金文,钟鼎文

19. 象形,符号

20. 史籀篇,石鼓文,大篆

21. 小篆,泰山刻石

22. 战国晚期,秦隶,古隶,汉隶,今隶,汉隶

23. 隶书,隶变

24. 章草,今草,狂草

25. 楷书

26. 楷书

27. 由繁难变为简易

28. 象形,指事,会意,形声,转注,假借,造字,用字。

29. 象形

30. 指事

31. 会意

32. 形声

33. 意符(形旁),声符(声旁)

34. 表意,表音,九十

35. 切音合形合义,省形

(二) 选择题

1. D 2. D 3. C 4. B 5. A
6. A 7. C 8. B 9. D 10. B

(三) 判断题

1. × 2. × 3. √ 4. × 5. √
6. √ 7. × 8. √ 9. × 10. ×

(四) 名词解释题

1. 文字：文字是记录语言的书写符号系统。文字是应语言交际的实际需求而产生的,是人类最重要的辅助性的交际工具。

2. 汉字：汉字是汉民族在长期的劳动生产和社会实践中所创造出来的记录汉语的书写符号系统。

3. 古文字：一般将秦及秦以前的汉字形体称为古文字，主要包括：甲骨文、金文、战国文字、小篆。古文字的共同特点是以象形、会意为构字基础，字形接近客观事物，象形色彩浓厚，结构随意，笔顺繁复，没有形成点画。

4. 今文字：今文字是相对古文字而言的，是汉代以后出现的各种文字的总称，包括隶书、草书、楷书、行书等。其总体特点是字形笔画化、简明化，抛弃了象形特征。

5. 六书：古代学者们总结汉字的造字方法所提出的分析汉字构造的理论。"六书"分别是象形、指事、会意、形声、转注、假借。"六书"基本上反映了汉字的构造特点，绝大多数汉字都可以用"六书"理论来分析。

（五）分析题

1. (1) 象形　(2) 形声　(3) 会意　(4) 会意　(5) 会意
   (6) 会意　(7) 会意　(8) 象形　(9) 会意　(10) 形声
   (11) 会意　(12) 形声　(13) 会意　(14) 形声　(15) 指事
   (16) 形声　(17) 象形　(18) 指事　(19) 指事　(20) 形声

2. (1) 左形右声　(2) 右形左声　(3) 上形下声　(4) 下形上声
   (5) 外形内声　(6) 内形外声　(7) 右形左声　(8) 上形下声
   (9) 下形上声　(10) 外形内声　(11) 形占一角　(12) 声占一角

3. (1) 形旁木，表树类。
   (2) 形旁土，表与土有关。
   (3) 形旁刀，表以刀断物。
   (4) 形旁宀，表与房屋有关。
   (5) 形旁金，表由金属制成。
   (6) 形旁竹，表由竹简编结而成。
   (7) 形旁王（玉），表加工玉石。
   (8) 形旁车，表与车相关。
   (9) 形旁米，表米经过选拣。
   (10) 形旁火，表燃烧。

（六）简答题

1. 说汉字是"意符音符文字"是从汉字记录汉语的方法着眼。汉字记录汉语的方法有三种：一是从语义入手，利用意符和记号记录汉语。二是从语音入手，利用音符记录汉语。三是从语义、语音两方面入手，同时用意符和音符记录汉语。汉字与拼音文字相比，不仅使用音符记录语言，还使用意符，在数量上更多的是兼用音符、意符两种手段。因此，在这个意义上，汉字可以称为"意符音符文字"，或者简称为"意音文字"。

说汉字是"语素—音节文字"从它所记录的语言单位着眼。有的汉字由一个单独的意符组成，它所记录的语言单位是语素。有的汉字由两个或两个以上的意符组成，它所记录的也是语素这个层次。有的汉字由意符和音符共同组成，介于语素和音节之间。有的汉字本身只作为一个音符，代表一个音节，只是记录语音。在多音节语素中，一个汉字只能作一个音符来看，只是代表一个音节，没有意义可言。汉字所记录的语言单位既有语素，又有单纯的音节，更多的是兼顾语素意义所属的类别和语素的音节。因此,从这个意义上说,汉字可以称为"语素—音节文字"。

称汉字为"意符音符文字"或"语素—音节文字"并不矛盾。它们都是在分析汉字结构的基础上与其他语言的文字相比较后得出的结论,只是分析问题的着眼点不同,它们实质所指的汉字的性质是一致的。

2. 形声字的形符和声符的位置不是固定的。大致可以分为:① 左形右声,如江、河;② 右形左声,如功、期;③ 上形下声,如茅、草;④ 下形上声,如姿、想;⑤ 内形外声,如问、闻;⑥ 外形内声,如园、阁;⑦ 形占一角,如荆、疆;⑧ 声占一角,如寐、碧。

三、阅读思考

同拼音文字相比,汉字和汉语有更好的适应性。汉字适应汉语以单音节语素为主的特点,汉字适应汉语同音语素多的特点。汉字具有二维平面性,形态差异较大。拼音文字在构词时一般是将字母在一个方向上呈线性排列。汉字由笔画组成,但笔画与笔画不是按线性排列,而是在一个二维方块平面里多向展开,因此汉字又称方块字。汉字具有一定的超时空性。汉字数量繁多,结构复杂。

第二部分 (第4—6节)

(一)填空题

1. 笔画

2. 基本笔画,派生笔画

3. 基本笔画,横,竖,撇,点,捺

4. 派生笔画,复合笔画

5. 相离,相接,相交

6. 先左后右,先上后下,先横后竖,先撇后捺,先外后内,先中间后两边,先外后内再封口。

7. 偏旁

8. 成字偏旁,不成字偏旁

9. 说文解字,540

10. 造字部首,字汇,214,检字部首

11. 200,201,201,99

12. 独体字,合体字,独体字,合体字

13. 义序法,形序法,音序法

14. 形序法,部首法,笔画法,笔顺法,四角号码法。

15. 笔顺法,一,丨,丿,丶,㇐,札。

16. 定量,定形,定音,定序

17. 简化汉字,推广普通话,制订和推行《汉语拼音方案》

18. 同意替代

19. 草书楷化

20. 符号替代

21. 汉语拼音方案

22. 正确使用现代汉字,消灭错字、别字,反对乱造简化字和滥用繁体字。

23. 第一批异体字整理表,简化字总表,印刷通用汉字字形表
24. 错字,别字
25. 分散识字,集中识字,注音识字、提前读写

(二) 选择题

1. A 2. A 3. B 4. D 5. A 6. B 7. A
8. A 9. B 10. C 11. C 12. B 13. C 14. A

(三) 判断题

1. × 2. √ 3. × 4. × 5. √

(四) 名词解释题

1. 笔画:笔画是构成汉字的最小书写单位。在汉字书写过程中,由起笔到收笔所形成的点或线就是一个笔画。

2. 偏旁:偏旁是构成合体字的表意或表音的单位。古人把左右结构的合体字的左半部分称为"偏",右半部分称为"旁",现在合体字各部位的构成单位统称为偏旁。

3. 部首:部首是具有归类作用的偏旁。东汉许慎的《说文解字》最早创立部首。许慎依据"六书"原则,对篆文的形体构造加以分析归类,将同一偏旁的字归为一部,把共同的偏旁置于这部分字的首位,故称"部首"。

4. 独体字:独体字是指无法分离出两个或两个以上的部件的汉字,如:"人"、"口"、"手"、"大"等。

5. 合体字:合体字是指由两个或两个以上的部件组成的汉字,如:"体"、"汉"、"字"、"问"等。

6. 异体字:异体字指音同义同而形不同的字。异体字的存在没有任何积极作用,只会增加人们的负担,应该予以整理。

(五) 分析题

1. (1) 竖折撇 (2) 竖 (3) 横折折撇 (4) 点 (5) 竖
   (6) 竖折 (7) 撇 (8) 横折弯钩 (9) 横折折折 (10) 横折折
   (11) 横 (12) 点 (13) 竖 (14) 竖 (15) 撇折

2. (1) 备 (2) 圣 (3) 艺 (4) 杯 (5) 耻
   (6) 群 (7) 卖 (8) 泪 (9) 属 (10) 阱
   (11) 掏 (12) 灶 (13) 惭 (14) 归 (15) 罗

(六) 简答题

1. 现代汉字的规范包括汉字系统本身的规范和汉字使用的规范。汉字系统本身的规范也即要实现汉字的标准化,从量、形、音、序四个方面对汉字进行整理,做到"字有定量、字有定形、字有定音、字有定序"。现代汉字的规范还包括汉字使用的规范,使用规范的字形书写汉字,使用规范的简化字,不使用异体字,纠正错别字。

2. 汉字拼音化有着众多争议和重重障碍。汉字是历史形成的与汉语的特点相适应的文字系统,汉语音节简单,同音语素多,使用拼音文字难以区分同音语素。中国方言众多,分歧严重,在民族共同语音未通用之前,使用拼音文字只会使交际更加困难。中国文明历史悠久,大量古代典籍用汉字记录,使用拼音文字不利于中华民族优秀文化的传承。汉字还造就了中国丰富多彩的书法艺术,拼音化也将使这一

艺术失传。汉字具有强大的生命力,中国历史上的落后不应归于汉字的复杂难学。汉字有其优点,与拼音文字各具特色,各与其所记录的语言相适应。

3. 汉语拼音是给汉字注音、推广普通话的重要辅助工具。《汉语拼音方案》公布以来,小学生先学拼音字母,然后用拼音字母帮助识记汉字,提高了识字的效率;在推广普通话方面,汉语拼音是重要的辅助工具;汉语拼音还用于字典、词典等各类辞书的注音及排检;汉语拼音还可以用于视觉通讯和无线电报、聋人的手指字母;在对外交流方面,汉语拼音也承担重要作用,如对外书报文件和出国护照中汉族人名地名均采用汉语拼音书写;在信息时代,汉语拼音还是重要的计算机汉字输入法之一。

4. 做好现代汉语规范化工作,大力推广和积极普及普通话;研究和整理现行汉字,制订各项有关标准;进一步推行《汉语拼音方案》,研究并解决实际使用中的有关问题;研究汉语信息处理问题,参与鉴定有关成果;加强语言文字的基础研究和应用研究,做好社会调查和社会咨询、服务工作。

5. 指导小学生识字可以采用古文字作为背景,沟通物象、古代象形字和楷书。在讲解象形字时,把这些字代表的事物呈现出来,再将这些字在古代的象形字写法(或汉字的演变过程)附在旁边,借鉴象形字的构字规律来教学。对于构字理据明晰度高的会意字,可以将构字部件拆分开来,多从字理上讲解。引导学生运用会意字的构字规律,来记忆字形、理解字义。对于形声字,可以使用系统归纳法,将它们的形旁归纳出来,在旁边画出生动形象的表示这些形旁意思的事物;对于表音度高的形声系统,可以将声符系统归纳出来,或者编成韵语成批讲解。

三、阅读思考(略)

第四章 词 汇

第一部分 (第1—3节)

二、同步训练

(一) 填空题

1. 语音语义相结合的最小的语言单位

2. 自由语素,半自由语素,不自由语素

3. 词缀

4. 词根

5. 复合式,附加式(派生式)

6. 相似性

7. 重叠,附加

8. 并列式(联合式),偏正式,补充式,支配式,陈述式(主谓式)

9. 成语,谚语,歇后语和惯用语等。

10. 概念意义,色彩意义,语法意义,概念意义,色彩意义

11. 感情色彩,语体色彩,形象色彩

12. 词义的扩大、词义的缩小及词义的转移

13. 比喻义

14. 基本义

15. 由一个语素构成的

16. 由两个或两个以上的语素构成的

17. 只有一个意义的词,具有两个或两个以上互相联系的不同意义的词

18. 多义词是表示不同意义的一个词,同音词是表示不同意义的一组词

19. 基本义,本义

20. 二者都是用同一语音形式表示不同的意义内容

(二) 辨析题

1. 一个语素组成的词:买、望、轱辘、马虎、奥林匹克、探戈、玻璃、迪斯科

   两个语素组成的词:极光、合成、单纯、购置、师范

   三个语素组成的词:地下室、紫外线、毕业生、大陆架

2. 词:撕、严、乐、权、鲸、教、刀、石、学

   语素:达、主、习、波、奋、尚

   音节:枇、妊、琉、蜻、偏

3. 叠音:默默、往往、纷纷

   叠韵:殷勤、叮咛、葫芦

   双声:恍惚、蒙昧、忐忑

   非双声、叠韵、叠音:蝙蝠、蝴蝶

4. 并列式:解剖、冷暖、开关、美好、江湖、质量、动静、衣服、人物
           跋涉、彼此、矛盾、阅读、国家、干净、丝毫、语言

   偏正式:雪白、飞快、唐诗、烧饼、联想、鼓动、重视、铁路、新闻

   补充式:房间、抓紧、认真、照明、戳穿、缩小、降低、推广、纸张、人口

   支配式:碰壁、凭空、罢工、司令、投资、动员、鼓掌、失信

   陈述式:雪崩、体验、月蚀、冬至、海啸、面熟、胆怯、年轻、内秀、性急、民主

5. 词根:深厚、虎、管理、作、垫、电教、反正、一、石、这、花、可行

   词缀:老、者、子、初、头、里、儿、员、性

(三) 单项选择题

1. A   2. C   3. D   4. B   5. C   6. C   7. C   8. D
9. B   10. B 11. B 12. A 13. A 14. D 15. B

(四) 判断题

1. ×   2. ×   3. √

(五) 名词解释题

1. 语素:语素是语言中最小的声音和意义的结合体,是最小的有意义的语言单位。语素不能自由运用,在一般情况下不能单说,不能独立成句。例如:"房"有意义,但一般只说"房子"、"房屋",不说"房"。

2. 词:词是有意义的、能独立运用的、最小的语言单位。词必须是一个音义结合体。也就是说,词的语音形式必须表达一个明确的意义。例如:我:称自己;灯:照明或做其他用途的发光的器具。而"芙"或"玻"等不能够单说(单独成句),也不能

单用(单独做句子成分或单独起语法作用),因而不是词。

3. 词汇:词汇是一种语言中所有的词和固定短语的总汇,是所有词的集合体。一种语言里可以有无数的词,而词汇只有一个。

4. 本义:是词的最初的意义。

5. 基本义:是指现代汉语多义词的最基本、最常用的意义。

(六)简答题

1. 语素和词都是语音和语义的结合体,两者区别的关键就在于能不能独立运用。词有的由一个语素单独构成,如"天"、"海"、"樱桃"、"坦克"等。该类语素称之为可成词语素;有的由两个或两个以上的语素构成。如"达到"、"学习",其中的"达"、"习"是语素,不是词,它们一般情况下与其他语素结合后才能组成一个词。

2. 答:不正确。

词汇是一种语言中所有的词和固定短语的总汇,是所有词的集合体。一种语言里可以有无数的词,而词汇只有一个。应把"英语词汇"改为"英语单词"。

三、阅读思考

第一句中"打"的几个义位之间有相关的联系,故为多义词。而同音词是同一语音形式有几个意义,几个意义之间没有什么联系。

第二句中的两个"打"只是语音形式相同,在意义上没有任何联系,故为同音词。

多义词指一个词具有两个或两个以上义项互有联系的词,而同音词的几个义项没有任何联系,如"黑人"有两个义项,一是黑色人种,一是没有户口的人。两个义项没有联系,是同音词。

第二部分 (第4—6节)

二、同步训练

(一)填空题

1. 等义词,近义词

2. 词的色彩,词的意义,词的用法

3. 意思相反或相对的一组词,绝对反义词,相对反义词

4. 基本词汇

5. 约定俗成的语言单位,惯用语,成语,歇后语,谚语,格言

6. 神话寓言,历史记载,典籍诗文,口头流传,外来借用

7. 全民性,稳固性,能产性

8. 文言词,新造词,外来词,方言词,行业词语

9. 创新,吸收

10. 必要性,明确性,普遍性

11. 从其他民族语言中吸收过来的词

12. 音译词,音译兼意译词,音译加类名

13. 西域,梵语,蒙语和满语,西洋

14. 普通话词汇中来自方言的词

15. 指各种行业和科学技术领域专门使用的词语

(二) 单项选择题

1. A 2. B 3. A 4. C

(三) 分析比较题

1.（1）商量—商榷：

同：都有交换意见的意思。

异："商量"多用于口语。"商榷"多用于书面语，含有"讨论"的意思。

（2）交流—交换：

同：都是动词，都有互相转换的意思。

异：① 搭配对象不同，"交流"可以和"思想"、"经验"、"文化"、"物资"搭配，这些词是抽象名词。

② "交换"可以和"礼物"、"资料"、"眼光"搭配，这些词都是具体名词。

（3）充足—充分

同：都是形容词，都有足够饱满的意思。

异：① 搭配对象不同，"充足"可以和"食物、水分、阳光、营养"等词搭配。而"充分"就不能。

② "充分"、"充足"在句法功能上都可以作定语，"充分"还经常作状语。如"充分准备"、"充分利用"等。

（4）忽视—轻视：

同：都是动词形容词的兼类，都有不注意、不重视的意思。

异：① 语意轻重不同，"忽视"是无意识地不注意、不重视，"轻视"是有意识地不注意、不重视。

② 搭配对象不同。如"轻视妇女"，不能说"忽视妇女"。

（5）隔离—隔断：

同：都有"阻隔、断绝往来"的意思。

异："隔离"多用于人，不让人聚在一起，断绝往来；把患传染病的人、畜和健康的人、畜分开，避免接触，如"隔离病房"、"他被隔离了"。"隔断"可指人的联系中断，也可用于物体的中断。例如："面前这一道丈许的河，却隔断了道路。"

（6）摧毁—摧残：

同：都是动词，都有破坏、损坏义。

异：① 褒贬义不同，"摧毁"是中性词；"摧残"是贬义词；

② 语意轻重不同，"摧毁"的程度比"摧残"重；

③ 适用对象不同，"摧毁"的对象常指生命或比较具体的事物；摧残的对象常指有生命的人或比较抽象的东西，如"经济、文化、身体、精神"等等。

2.（1）深奥—通俗 消费—积累 演绎—归纳

偶然—必然 滞销—畅销 承担—推卸

（2）A 邪恶 B 偏 C 反面 D 负数 E 错 F 歪、斜 G 副职

3. 水（基本词） 水文（一般词汇） 水质（一般词汇）

清水（基本词） 油水（基本词） 水彩（一般词汇）

4. A 惯用语：磨洋工

B 成语：想当然

C 成语：迅雷不及掩耳

D 格言：时间就是生命

E 歇后语：泥菩萨过河——自身难保

F 谚语：天下乌鸦一般黑

G 成语：放下屠刀，立地成佛

（四）名词解释题

1. 熟语：是人们常用的定型化的固定词组。

2. 成语：是一种相沿习用具有书面语色彩的固定词组。

3. 惯用语：是指口语中短小定型的习惯用语。例如：开倒车、走后门、打棍子。

4. 谚语：是在人民群众中间广为流传的固定语句，它用极为通俗精练的话反映出深刻的道理。

5. 歇后语：是止住后半句话不说，让读者、听者去意会，这样的俏皮话叫歇后语。

6. 格言：是具有教育意义的警句。一般出自名人之手，而又在群众中广泛流传的语句。

（五）简答题

（1）"竹篮打水——一场空"是歇后语。

（2）"囫囵吞枣"是成语。

（3）"碰钉子"是惯用语。

（4）"灯草跳进秤盘里——以为自己有斤两"是歇后语。

（5）"打人不打脸，骂人不揭短"是谚语。

三、阅读思考（略）

第五章 语　　法

第一部分　（第1—3节）

二、同步训练

（一）填空题

1. 词的语法功能

2. 实词，虚词

3. 谓词

4. 区别词

5. 序数词，数量短语

6. 疑问代词，指示代词

7. 拟声词

8. 状语，补语

9. 兼类词

10. 名词　形容词

(二) 判断题

1. √   2. ×   3. √   4. ×   5. ×
6. ×   7. ×   8. √   9. √   10. √

(三) 单项选择题

1. D   2. A   3. C   4. C   5. A   6. B   7. C   8. B
9. A   10. D   11. C   12. C   13. A   14. C   15. A

(四) 分析题

1. (1) 动词   (2) 动词   (3) 名词
   (4) 形容词   (5) 副词   (6) 语气助词
   (7) 叹词   (8) 时态助词、语气助词 (9) 助词
   (10) 介词   (11) 名词   (12) 动词
   (13) 介词、连词   (14) 动词,名词   (15) 动词,疑问代词
   (16) 动词   (17) 名词,动词   (18) 名词,动词
2. (1) 副词   (2) 动词   (3) 动词
   (4) 动词   (5) 动词   (6) 副词
   (7) 结构助词,语气助词 (8) 语气助词   (9) 语气助词,助词
   (10) 助词   (11) 形容词   (12) 助词
3. ① 得,补语的标志   ② 的,的字结构   ③ 得,补语的标志
   ④ 的,的字结构   ⑤ 地,状语的标志   ⑥ 的,语气助词
4. ① 名词/形容词   ② 名词/形容词   ③ 形容词/动词
   ④ 动词/介词   ⑤ 名词/动词   ⑥ 动词/介词/副词
   ⑦ 形容词/动词   ⑧ 形容词/名词   ⑨ 名词
   ⑩ 名词/动词   ⑪ 形容词/动词

(五) 简答题

1. 例外有两种：一是带有限制性的副词，如"就三个"、"光老师就四个"；另一类是活用，如"很青春"、"很现代"、"很心情"。

2. 兼类词是指某词经常具备两类词的特点。有的只是在某种特殊场合临时具备某类词的特点，这种现象属于词的活用，而不是兼类。这里的"高明"是形容词，但在"另请高明"中，它是借代，指的是"高明的人"，所以不应该看做兼类。"手"是名词，但在"人手一册"中是名词的临时活用，表示拿着，也不能算是兼类。

3. (1) 动词,作谓语
   (2) 动词,作兼语的第二个动词
   (3) 动词,作宾语
   (4) 动词,作主语
   (5) 动词,动词性偏正短语作主语
   (6) 动词,动词性联合短语作主语

4. "千万"和"万万"都有"务必、一定"的意思，否定式都成立，只是"万万"语气比"千万"重；"千万"还可以用于肯定句（"千万要小心"），但不能换用"万万"。"千万"和"万万"都可以用于祈使句，"万万"还可以用于陈述句，而"千万"不可以。

三、阅读思考(略)

第二部分 （第4节）

二、同步训练

（一）填空题

1. 词和词
2. 结构,功能
3. 兼语短语
4. 固定短语
5. 名词,动词,形容词
6. 修饰与被修饰
7. 偏正,主谓
8. 三
9. 述宾,补充
10. 定中

（二）判断题

1. ×   2. √   3. ×   4. ×   5. ×
6. √   7. ×   8. √   9. √   10. √

（三）单项选择题

1. A   2. D   3. B   4. D   5. A
6. C   7. B   8. A   9. B   10. A

（四）分析题

1. (1) 补充　　(2) 述宾　　(3) 补充　　(4) 述宾
　 (5) 主谓　　(6) 连谓　　(7) 偏正/联合　(8) 联合
　 (9) 主谓　　(10) 主谓　　(11) 主谓　　(12) 主谓
　 (13) 主谓　　(14) 补充　　(15) 主谓　　(16) 述宾
　 (17) 偏正　　(18) 述宾　　(19) 补充　　(20) 述宾
　 (21) 补充　　(22) 补充　　(23) 补充　　(24) 偏正
　 (25) 复指　　(26) 兼语　　(27) 复指　　(28) 偏正
　 (29) 复指　　(30) 述宾　　(31) 偏正　　(32) 述宾
　 (33) 偏正　　(34) 复指　　(35) 偏正　　(36) 补充
　 (37) 复指　　(38) 连谓　　(39) 联合　　(40) 偏正
　 (41) 偏正　　(42) 兼语　　(43) 复指　　(44) 复指
　 (45) 兼语　　(46) 偏正　　(47) 补充　　(48) 偏正
　 (49) 复指　　(50) 兼语　　(51) 复指　　(52) 连谓
　 (53) 兼语　　(54) 连谓　　(55) 连谓　　(56) 兼语

2. (1) 希望 参 加 去 欧 洲 的 旅 行 团

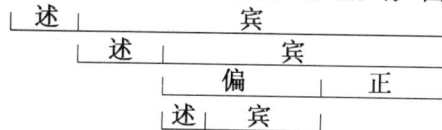

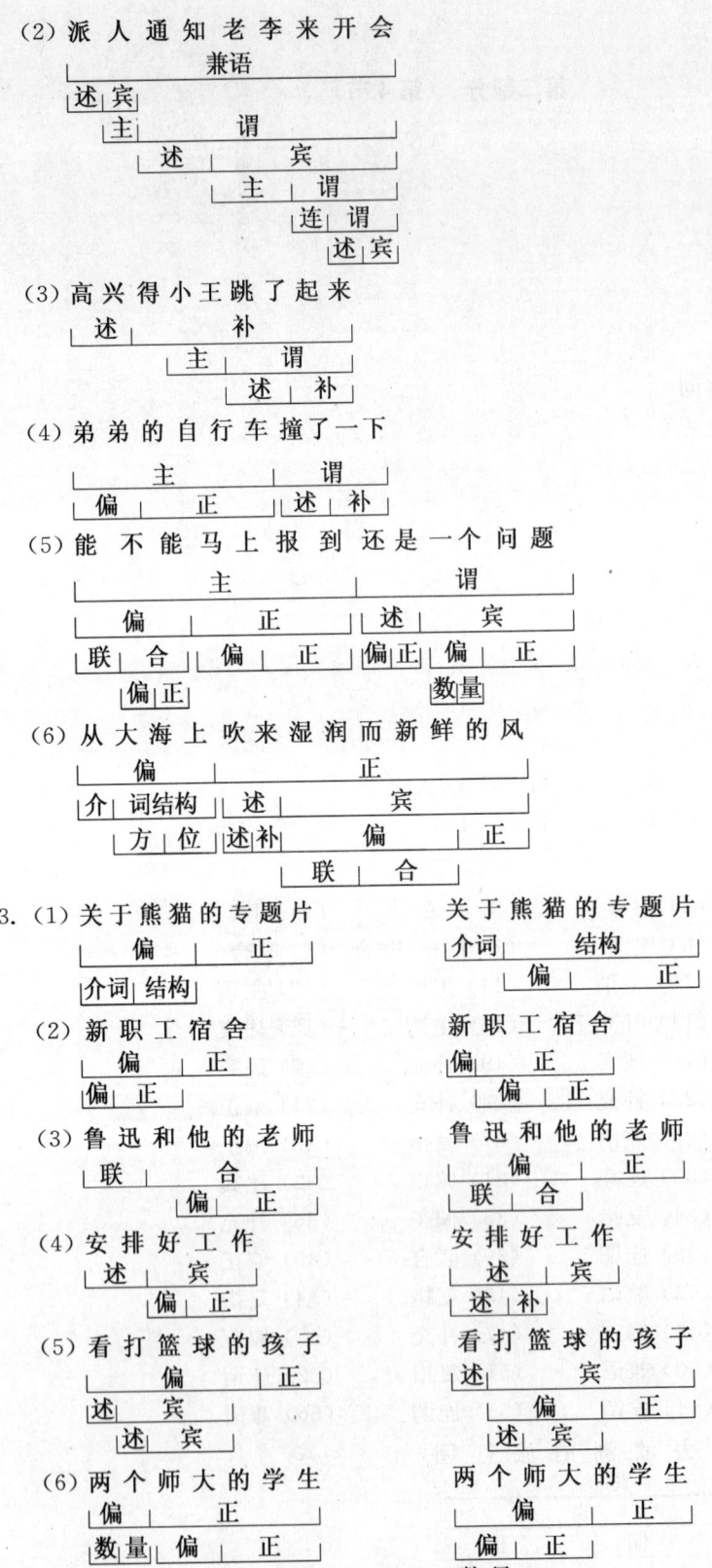

4. (1) 以民族英雄自居　　　　(2) 在家里读书
   (3) 被坏人袭击　　　　　　(4) 朝东走去
   (5) 自北京到上海　　　　　(6) 将会场内外封锁
   (7) 走向胜利　　　　　　　(8) 这样做是为了友谊

(五) 简答题

1. 短语处于词和句子这两级语法单位之间的重要位置上。短语由词构成,短语和词一样可以做句子的组成成分,大多数短语加上句调就可以独立成句。这样看来,掌握了短语的结构分析,实质上也就掌握了句子的结构分析。短语的主要的结构类型和合成词的结构类型是基本一致的,掌握了短语的结构分析,也就不难掌握合成词的结构分析了。

2. 汉语组成短语的语法手段是语序和虚词。有一些短语只靠语序组成。例如主谓短语是主语在前,谓语在后;动宾短语是动语在前,宾语在后。有一些短语既依靠语序,也依靠虚词。例如偏正短语和补充短语里都有一部分短语不只靠语序,还要分别用上相应的结构助词。

3. (1) 表示范围义　　　　　(2) 表示范围义
   (3) 表示处所义　　　　　(4) 表示处所义
   (5) 表示时间义　　　　　(6) 表示范围义
   (7) 表示过程义　　　　　(8) 表示范围义

三、阅读思考(略)

第三部分　(第5节)

二、同步训练

(一) 填空题

1. 单句,复句,单句
2. 疑问句,祈使句
3. 主语,谓语,单句
4. 主谓谓语句
5. 存现句
6. 动词谓语句(被字句)
7. 这本书
8. 张艺谋的电影
9. 正反问
10. 选择问

(二) 判断题

1. ×　　2. ×　　3. ×　　4. ×　　5. √
6. √　　7. √　　8. ×　　9. √　　10. √

(三) 单项选择题

1. D　　2. B　　3. A　　4. C　　5. A
6. B　　7. C　　8. D　　9. A　　10. B

(四)分析题

1. (1) 听了企业发展的规划,大家无不欢心鼓舞。
   (2) 作为教师,我们不能不关心每一个孩子。
   (3) 有些钱必须花,但也得省着点。
   (4) 这件事,他一定知道。

2. (1) 正反问
   (2) 是非问
   (3) 特指问的简略格式
   (4) 正反问
   (5) 特指问
   (6) 选择问
   (7) 是非问
   (8) 是非问

3. (1) (这封)(简单而大胆的)短信‖使我们[更加]确信ˇ列宁是我们党的山鹰ˉ。
   (2) 他‖通知我ˇ今天停电了,学术报告改期了ˉ。
   (3) 我们‖站〈在人民英雄纪念碑前〉[向南]眺望。
   (4) 深入车间做调查‖是(基本的)(工作)方法。
   (5) 太阳‖[也]带着地球和其他行星[以每秒十几公里的速度]飞奔。
   (6) [从炎炎的夏天到雪花飘落的冬天,](延安窑洞里的)(那盏)台灯,‖[整夜那夜][都是][那样]明亮。
   (7) (这个)展览‖通过生动的艺术形象]告诉人们ˇ劳动人民在旧社会里受到极其残酷的政治压迫和经济剥削,以及他们对敌人进行的英勇的斗争ˉ。
   (8) (老)教授‖希望ˇ他的学生能做一个为人民所爱戴的艺术家ˉ。
   (9) 龙梅‖[费力地]背〈起〉妹妹[向前][继续]追赶羊群。
   (10) [第二天早上,]老通宝‖[就]到镇里去想法借钱来买桑叶。
   (11) (山上)(经霜的)枫叶,‖红得〈像天边的晚霞〉。
   (12) [在朝鲜的每一天,]我‖[都][被一些事情]感动着。
   (13) [临近栀子花开的季节,]‖[又]有(一批)毕业生[即将][跟大学生活]说拜拜。
   (14) 厂家‖[除了在工地周围造一条围墙,门房里置一个请愿警,门外钉一块"工房重地,闲人莫入"的木牌,使这些乡下小姑娘和外界隔绝之外,][将管理权][完全]交〈给〉带工老板。
   (15) 勇士们‖[又][用轻重武器]组织(严密的)火力压〈向敌人。〉
   (16) 我‖懂得ˇ党不仅要培养我成为一个精通业务的技术工作者,而且要培养我成为一个具有革命理论的政治工作者ˉ。
   (17) (郭煌艺术宝库的)保存,‖使我们有可能来理解(一千五六百年来的中国艺术的)成长、演变和发展。
   (18) (神奇的)克隆技术‖[正][向人类]展示(它)(诱人的)前景。
   (19) 令人惊叹的‖是,ˇ人们在这无鱼无草的海水里,竟能自由游弋;即使是不会游泳的人,也总是浮在水面上,不用担心会被淹死ˉ。

(20)（生长在江南的）同志们‖看到（这幅）画高兴得〈直鼓掌。〉
(21) 国家‖保护（公民的）合法收入、储蓄、房屋和（其它生活资料的）所有权。
(22)（这种)（粗暴而简单化的）做法，‖使大家［非常］反感。
(23)（国家通用语言文字的）使用‖［应当］有利于维护国家主权和民族尊严。

（五）简答题

1.（1）形补谓语句——这件衣服漂亮极了。
　（2）名词性非主谓句——票！
　（3）兼语谓语句——老师让张民去北京。
　（4）主谓谓语句——自行车他修好了。
　（5）名词性谓语句——今天国庆节。

2.（1）明天星期一。
　（2）我北京人。
　（3）今天晴天。
　（4）我朋友大眼睛。

3.（1）双宾语句
　（2）述补句
　（3）被动句
　（4）把字句
　（5）主谓谓语句
　（6）存现句
　（7）双宾语句
　（8）主谓谓语句
　（9）把字句
　（10）双宾语句

三、阅读思考（略）

第四部分　（第6—7节）

二、同步训练

（一）填空题

1. 意义上，结构上
2. 语序，关联词语
3. 语音停顿，关联词语
4. 并列
5. 转折
6. 一重复句，多重复句
7. 句组（语段），句子
8. 句群
9. 并列
10. 紧缩复

（二）判断题

1. √ 2. × 3. × 4. √ 5. ×
6. √ 7. √ 8. × 9. √ 10. √

（三）单项选择题

1. A 2. C 3. B 4. B 5. A
6. B 7. D 8. B 9. A 10. B

（四）分析题

1. (1) 因果复句　　(2) 因果复句　　(3) 选择复句
   (4) 假设条件复句　(5) 补充复句　(6) 转折复句
   (7) 并列复句　　(8) 假设复句　　(9) 递进复句
   (10) 因果复句　　(11) 并列复句　(12) 并列复句
   (13) 补充复句

2. (1) 单句　(2) 复句　(3) 单句　(4) 单句　(5) 单句

3. (1) 单句　(2) 复句　(3) 单句　(4) 复句　(5) 单句
   (6) 单句　(7) 单句,连动句　(8) 复句　(9) 单句
   (10) 复句　(11) 复句　(12) 单句

4. (1) 发展个体经济不是权宜之计，｜ 而是我国一项长期的方针，｜ 也是改革的一个重大步骤。
　　　　　　　　　　　　　　　　并列　　　　　　　　　　　　　并列

(2) 由于老年人各自"闭关自守"，‖ 信息闭塞，｜ 即使知己就在咫尺，‖ 相互之间却"老死不相往来"。
　　　　　　　　　　　　　　　　并列　　　　　　因果　　　　　　　　　　　　假设

(3) 没有人，｜ 政策法规再好，‖ 也是难以发挥作用的。
　　　　　条件　　　　　　　假设

(4) 由于地下军事要塞的修筑是在秘密状态下进行的，｜ 为防止军事泄密，‖ 劳工要么被折磨致死，‖ 要么被秘密杀害。
　　　　　　　　　　　　　　　　　　　　　　　　因果　　　　　　　　目的
　　　　　　　　　　　　　选择

(5) 念小学时,家境拮据，｜ 买不起漂亮的信笺，‖ 更买不起自来水笔。
　　　　　　　　　　　因果　　　　　　　　　递进

(6) 为推动国家通用语言文字的规范化、标准化及其健康发展，‖ 使国家通用语言文字在社会生活中更好地发挥作用，‖ 促进各民族、各地区经济文化交流，｜ 根据宪法,制定本法。
　　　　　　　　　　　　　　　　　　　　并列　　　　　　　　　　　　并列
　　　　　　　　　　　　　　　　　　　　　　　　　　　　　　　　　　目的

(7) 与会代表不仅专业知识精湛，‖ 而且见多识广，｜ 能得到他们的首肯，‖ 靠的不是溢美之词，‖ 而是材料、事实、理论和数据。
　　　　　　　　　　　　递进　　　　　　因果　　　　　　　　因果
　　　　　　　　　　　　　　　　　　　　　　　　　　　　并列

(8) 不管你再怎么身居高位，｜ 一旦犯了错误，‖ 尤其是贪污罪，‖ 不是被免职，‖ 就是降级，‖ 或长年不加薪，‖ 直至判刑。
　　　　　　　　　　　并列　　　　　　递进　　　　　　条件
　　　　　　　　　　　　　　　选择　　　　选择　　　　　选择

(9) 人生中一些极珍贵极美好的东西,如果不好好把握，｜ 便常常失之交臂，‖ 甚至一生难得再遇再求。
　　　　　　　　　　　　　　　　　　　　　条件　　　　　　　　　　递进

（10）大学的原意是学生组织成的团体，‖ 想读书研究的人，不论年老年轻，‖ 大家组成一个团体，‖ 聘请名师来讲授，| 这就是大学的起源。

（标注：因果、条件、承接、补充）

（五）简答题

1.（1）单句

　（2）条件紧缩句

　（3）条件紧缩句

　（4）递进紧缩句

　（5）单句

　（6）单句

　（7）让步紧缩复句

　（8）单句

2. 句群与复句的区别主要有以下三点：（1）构成单位不同。句群由句子构成，复句由分句构成。（2）关联词语使用情况不同。用些复句使用的成对的关联词语，在句群中一般不能使用。（3）句群和复句有些可以在一定条件下相互变换，但是有些复句不能变换成句群，有些句群不能变换成复句。

三、阅读思考（略）

第六章　修　辞

第一部分　（第1—2节）

二、同步训练

（一）填空题

1. 修辞活动，修辞规律，修辞学
2. 综合性，开放性，民族性
3. 通不通，第一，好不好，第二
4. 音乐性，元音
5. 两玉相扣，取其铿锵；贯珠，取其婉转。
6. 平上去入，"扬"，"抑"
7. 仄仄平平
8. 双，多，双音节

（二）单项选择题

1. C　2. D　3. B　4. A　5. B　6. D　7. D　8. D　9. D　10. A

（三）名词解释题

1. 修辞学是语言学中的一门应用性学科。它是语言学的一个分支学科，是研究修辞行为的科学。
2. 叠音词指由两个相同的音节重叠而成的单纯词。
3. 双声词指由两个声母相同的音节构成的单纯词。
4. 叠韵词指由两个韵母和声调相同的音节构成的单纯词。

(四) 分析题

1. (1) 连续运用四个叠音词描绘月下荷塘的美景,形象具体,韵律和谐而具有音乐性。

(2) "晶莹"、"缠绵"是叠韵,"抑郁"、"空阔"是双声。增强了旋律感,增添了抒情气氛。

(3) "嗖——……"是运用了拟声词,逼真地再现了后羿射日的场景,有声有色,具体可感。

2. 梅破蕊,柳垂丝。　　平仄平,仄平平

　　荷香十里,麦穗两畦。　　平平仄仄,仄仄仄平

　　剥橙香透甲,尝稻气翻匙。　　仄平平仄仄,平仄仄平平

(五) 简答题

1. 修辞的基本原则是"得体"。主要表现在两个方面,一是不同交际对象的得体性,二是不同话语场景的得体性。

2. 修辞运用语音学的有关原理、规律及语音因素来增强语言的表达效果。修辞以词汇学原理为依据,主要从词义的联系方面来研究词汇。语法研究句子结构本身,修辞更注重表达中的语境、上下文等所形成的不同效果;语法是原理的抽象,修辞主要是动态的分析。所以修辞是以语法为基础的,它在语句符合语法规范的基础上进而研究句式的选择和句子的巧妙组合。

三、阅读思考

为了突出"小溪"小中见大、甘于奉献的形象,突出作者丰富而真挚的颂扬之情,作者紧紧服从这一内容的需要,以拟人的手法、对话的口吻结构全篇,同时运用了比喻、反复、反问、排比、对偶等多种修辞手法,亲切而生动地塑造了"小溪"活泼、乐观、坚毅、踏实、情感丰富、乐于奉献的形象。全诗合辙押韵,节律分明,琅琅上口,灵动轻快,充分体现了准确、鲜明、生动的修辞效果。

第二部分　(第3—4节)

二、同步训练

(一) 判断题

1. √　2. ×　3. √　4. √　5. ×
6. √　7. ×　8. √　9. ×　10. √

(二) 选择题

1. C　2. A　3. A　4. D　5. D　6. B　7. B　8. B　9. AB　10. ABC
11. BCE　12. ABCD　13. ACD　14. ABCE　15. AE　16. ABCDE

(三) 分析题

1. (1) 我们穿好了衣服。

(2) 妈妈不想吃米饭了。

(3) 家长会开始吧,学生的家长都到齐了。

(4) 车上睡得不好。

(5) 下午我们按小组讨论。

2. (1) 香港回归祖国已经十多年了。
   (2) 这个妇女全身珠光宝气。
   (3) 老画家精神矍铄,留着一把花白的胡子。
   (4) 他的内心时常为自己年轻时做的一件亏心事所困扰。
   (5) 话剧《雷雨》经过修改,重新上演。
3. (1) 这款三星手机将于十一月中旬闪亮登场。
   (2) 他的发言深刻又新颖。
   (3) 他演讲了一次,又演讲了一次,我们终于被他打动了。
   (4) 今天下午的会议主要研讨学生就业问题。

三、阅读思考

1. 首句用了4个单音节形容词"多、清、静、柔",简洁而柔美,既贴切又有容量。次句的对偶既指代清晰,又自然流畅地点出到处是深水浅流。第三句用短句构成排比,真是无水不成景。接下来的对偶兼明喻,多角度地展示了难老泉的水给人丰富的感官之美。总之,这段文字用词准确简明,朴素自然,形象生动之中透出一股清新之气。单音节词平实稳妥,四音节词节律分明,拟声词逼真传神。整段文字以短句、整句为主。

2. "光阴"与"时间"为同义词配合使用;"懒惰"与"勤奋"为反义词配合使用;句式为整句;辞格有:拟物、拟人、对偶、对比。形式工整,对比鲜明,含意深刻,给人以启迪。

第三部分 （第5节）

二、同步训练

（一）填空题

1. 辞格,辞式,修辞方式
2. 打比方,本体,喻体,喻词
3. 想象,临时把物当作人、并与之"交流",让物变成人、使之具有人的行为情感。
4. 借代是不直接说出人和事,而是借用与它密切相关的事物的名称来替代,构成语言上的艺术换名
5. 传统,正对是上下联意思相似、相近,反对是上下联意思相反或相对
6. 三、连续
7. 递降
8. 对照、对偶、两体
9. 引起注意,启发思考;反诘、诘问;加强语气,用不容置辩的语气表明态度。
10. 上句结尾的词语或句子作下句开头的词语或句子,使首尾蝉联;顶针、蝉联、联珠
11. 回环、拟人
12. 顺势把用于甲事物的词语巧妙地用于乙事物
13. 仿词
14. 对事物的色彩进行描绘;形容词;绿油油、火红

15. 两个、两个、连用、兼用

(二) 选择题

1. D 2. B 3. A 4. D 5. C 6. D 7. D 8. B 9. C 10. A 11. BCDE
12. AB 13. AD 14. ADE 15. BE 16. BD 17. AC 18. ABDE 19. ABD
20. ABCE

(三) 判断题

1. √ 2. × 3. × 4. √ 5. ×
6. √ 7. √ 8. × 9. × 10. ×

(四) 分析题

1. (1) 回环、比拟、比喻、排比。"你不让我,我不让你"是回环兼拟人。"红的像火,粉的像霞,白的像雪"是排比兼比喻。

(2) 设问、连续反复

(3) 顶真、摹色、比喻、排比。开头几句是顶真。"碧青碧青"是摹色。最后几句是排比兼比喻。

(4) 层递、夸张。由一个季节到抽一支烟到眨眼,是递降。"眨眼瞬间"又是缩小性夸张。

(5) 排比、对比。

(6) 仿拟、对比。"置之度内"是仿词。

(7) 拈连、对比。是直接拈连。

(8) 借代。"墨水儿"、"脑瓜儿"是借代,用具体代抽象。

(9) 夸张。"吓破了胆"扩大性夸张。

(10) 排比、回环、摹绘

2. (1) 是辞格的连用。"蹒跚"是拟人,"醉汉似的"是明喻,"捧出"是拟人。作者用拟人的手法把夕阳与旭日人格化,又形象地把落日的状态喻为醉汉,化静为动,逼真而充满情趣。

(2) 第一个复句是辞格的兼用。并列关系的两个分句是对偶中的宽对兼暗喻。后面一个复句,是两个否定喻的连用。在议论文中运用这些辞格,语言精警,对比鲜明,说理生动,既使文势富于变化,又使读者易于接受。

(3) 是辞格的兼用。分号前后是对偶,对偶中兼用暗喻,暗喻中兼用夸张。大中有变,小中有依,变化迭出,表现出浓郁的积极浪漫主义色彩。

(4) 是辞格的兼用。第三句是反问兼排比,排比又兼拟人。第四句是对偶兼夸张,最后一句是排比兼夸张。集中颂扬了黄山松所独具的伟岸与傲骨,富有积极的象征意义。诗情博大,动人心魄。

3. (1) A 句是直接拈连,巧妙的勾连和搭配,简洁明快,给人耳目一新之感。

　　B 句是一般的排比,主要是增强语势,加强抒情性。

(2) AB 都是歇后语,前一部分是形象说明,后一部分是解释说明,是比喻。A 句还运用了拟人的手法,B 句则运用了夸张的手法,"礼轻情义重"又是对比。

(五) 简答题

1. 修辞格的特定功能一般包括四个方面:一是给人们以生动的形象感;二是在词

句方面,不是在声音、形体方面给人们以形式上的美感或新奇感;三是给人以弦外之音的婉曲感;四是具有左右人们心灵的力量感。

2.(1)对比的基本特点是内容上的"对立",对偶的基本特点则是形式上的"对称"。对比的作用主要是加强语言的鲜明性,对偶的作用主要是加强语言的艺术感染力。对偶里的"反对"就意义上说是对比,就形式上说是对偶。

(2)对偶是两项对称并立,排比是三项或多个项的平行排列;对偶要力避字面重复,排比的各个项往往出现相同的强调性词语;对偶要求字数相等或相当,排比不拘泥于字数,可略多或略少。

(3)从内容上看,排比的各项意义相关,它们之间是并列平等的关系,而层递各项有深浅、大小、轻重、多少等阶梯式的等次性;从形式上看,排比的各项要求结构相同或相似,而层递并不拘泥于结构的相同或相似。

3.借代和借喻的相同之处是本体都不出现,都是用一个事物代替另一个事物。不同之处:第一,构成条件不同。借喻的构成条件是本体和喻体之间的"相似性";借代的构成条件是借体和本体之间的"相关性"。第二,作用不同。借喻是喻中有代,以喻为主,以相似为目的;借代是代而不喻,以称代为目的。第三,变换形式不同。借喻常常可以变换成明喻或暗喻的形式,借代则不能。根据以上三条原则,下面的两句话 A 为借代,B 为借喻:

A. 离开了团体,一个人独行之后,前后左右都是黄发碧眼儿了。——"黄发碧眼"以特征代本体。

B. 星星之火,可以燎原。——"星星之火"是借喻。

4. 摹绘有三种类型:摹色、摹状、摹声。摹色的词语一般是描写色彩的形容词,有重叠式的,也有偏正式的。摹状多用形容词的重叠式,有 AA 式,如"圆圆",ABB 式,如"怯生生",还有 ABAB 式,如"颤悠颤悠"。摹声使用的是拟声词,有单音节的,也有双音节的。

三、阅读思考

1. 作者开篇用了排比的手法,列举了与竹子性格迥异的桃花、紫罗兰、牡丹的娇艳一时,风光一季,从而为下文颂扬竹子作铺垫,同时又构成了鲜明的对比。接着先用比喻、拟人,再用对偶兼夸张"上有千仞高峰,下临百丈深渊","轰响……"、"击打……"是拟人兼夸张,最后"吼声吞没了电声"也是夸张。这些修辞手法的综合运用,多角度、多层次地描写了竹子的性格特征:挺拔、刚毅、威猛、无所畏惧,表达了特有的象征意义。语言生动铿锵,语势富有变化,启发读者联想,引起强烈共鸣。

2. 流传下来的是第一首。第一首诗的流传与修辞手法的运用有一定的关系。它对仗工整,节奏整齐,琅琅上口,具有音乐美。七言的形式,使节奏较舒缓,增强了抒情性、形象性。

图书在版编目(CIP)数据

现代汉语·积累与应用 / 卜玉平主编. —南京:南京大学出版社,2010.1(2020.1重印)
ISBN 978-7-305-06617-7

Ⅰ.现… Ⅱ.卜… Ⅲ.汉语—师范大学—教学参考资料 Ⅳ.H1

中国版本图书馆 CIP 数据核字(2009)第 235280 号

出 版 者	南京大学出版社
社　　址	南京市汉口路 22 号　　邮编 210093
网　　址	http://www.NjupCo.com
出 版 人	左　健
丛 书 名	五年制高等师范教材
书　　名	现代汉语·积累与应用
主　　编	卜玉平
责任编辑	姚　徽
照　　排	南京紫藤制版印务中心
印　　刷	丹阳兴华印务有限公司
开　　本	787×1092　1/16　印张 6.75　字数 132 千
版　　次	2010 年 1 月第 1 版　2020 年 1 月第 10 次印刷
ISBN	978-7-305-06617-7
定　　价	18.00 元
发行热线	025-83594756
电子邮箱	Press@NjupCo.com
	Sales@NjupCo.com(市场部)

＊ 版权所有,侵权必究
＊ 凡购买南大版图书,如有印装质量问题,请与所购图书销售部门联系调换